NECROLOGIUM

ECCLESIÆ SANCTI PETRI MATISCONENSIS

NECROLOGIUM
ECCLESIÆ SANCTI PETRI MATISCONENSIS

OU

NOTICE DES BIENFAITEURS DE L'ÉGLISE
SAINT-PIERRE DE MACON

PUBLIÉ POUR LA PREMIÈRE FOIS D'APRÈS LE MANUSCRIT ORIGINAL

PAR

M.-C. GUIGUE

ANCIEN ÉLÈVE DE L'ÉCOLE DES CHARTES

BOURG

IMPRIMERIE EUGÈNE CHAMBAUD

—

1874

L'abbaye de Saint-Pierre-hors-les-murs-de-Mâcon n'est mentionnée qu'à partir des premières années du X° siècle, mais
existait bien certainement avant cette époque, dès le VII° siècle
peut-être. On croit qu'elle fut fondée par les moines de Saint-
Vincent de Mâcon, auxquels ceux do Saint-Pierre devaient,
chaque année, une réfection.

Au commencement du XII° siècle, cette abbaye, qui passait
alors pour ancienne, était en ruine et dépouillée do ses
propriétés foncières. Elle servait à cette époque de lieu d'inhu-
mation pour les chanoines de Saint-Vincent. Gaulène de Vienno,
évêque de Mâcon, la rétablit en 1020, et lui donna de nouvelles
dotations. Saint-Gébuin, archevêque de Lyon, la consacra de
nouveau, vers 1080, et lui céda plusieurs églises de son diocèse.
Quelques années après, elle fut détruite par un incendie.
L'évêque de Mâcon Landry la fit reconstruire, lui accorda de
riches concessions, y établit des chanoines réguliers, mais unit,
en 1090, le titre abbatial à la dignité épiscopale. Saint-Pierre
ne compta plus dès-lors que comme prieuré dans la hiérarchie
ecclésiastique.

Le monastère, qui était considéré comme « l'une des plus belles
maisons de France » et que les moines avaient fait fortifier, fut
renversé de fond en comble, en 1470, lors du siége que la ville
soutint contre les troupes de Louis XI. Le pape Sixte IV permit,
en 1471, le transfert des religieux en une autre église de Saint-
Pierre, située dans l'enceinte de la ville, et qui était déjà de

leur patronnage. Au XVIe siècle, ce nouveau prieuré fut mis en commende, ses religieux sécularisés et leur église érigée en collégiale.

Le chapitre de Saint-Pierre n'admettait à ses prébendes que des gentilshommes nobles de race. En 1773, Louis XV accorda à tous ses membres le titre de comte et les autorisa à porter, comme insigne de leur dignité, une croix émaillée à huit pointes avec quatre fleurs de lys. Cette croix, surmontée d'une couronne comtale, devait être suspendue au cou par un ruban bleu céleste liseré de blanc.

Les chanoines-comtes jouirent jusqu'à la Révolution de la plupart des terres et des revenus dont leur antique monastère avait été doté aux XIe et XIIe siècles. Leurs possessions s'étendaient sur les deux rives de la Saône. Sur la rive gauche et dans les limites actuelles du département de l'Ain, ils avaient les petits prieurés ruraux puis curés de Feillens, Jayat, Longchamp, Marsonnas, Meillonnas et Saint-Jean-sur-Veyle, ainsi que le patronnage des églises de Béreyziat, la Chapelle-du-Châtelard, Curciat, Dommartin-de-Laronay, Gorrevod, Mantenay, Manziat, Replonges, Saint-Didier-d'Aussiat, Saint-Martin-le-Châtel et Servas. Ils détenaient en outre, tant en Bresse qu'en Dombes, de beaux domaines qu'ils devaient à la munificence de nos grands seigneurs féodaux et à la générosité pieuse de riches fidèles.

Presque tous les titres anciens concernant ces petits prieurés, ces églises et ces domaines, furent anéantis successivement : les uns disparurent au XVe siècle, lors de la destruction violente du monastère ; les autres au XVIe, lors des guerres de religion. Il n'en subsiste plus aujourd'hui que de très-rares épaves.

Parmi ces épaves se trouve un manuscrit précieux à plus d'un titre et conservé actuellement à la Bibliothèque nationale sous le n° 5254 du fonds latin. J'en dois la description ainsi que la copie soignée de toute la partie que j'en publie, je me fais un devoir et un plaisir de le constater, à l'obligeante amitié de M. Arthur Giry, de Trévoux, archiviste aux Archives nationales.

Ce manuscrit qui, d'après l'écriture, paraît du XIIe siècle, est de format petit in-4° et contient 95 feuillets parchemin. Il comprend deux documents : 1° le *Martyrologium* ou Calendrier religieux de Saint-Pierre-de-Mâcon; 2° le *Necrologium* ou la Notice des bienfaiteurs et des personnages remarquables du même monastère dont les chanoines devaient observer l'anniversaire.

Le *Martyrologium* est incomplet d'une partie du mois de janvier, attendu qu'il ne commence qu'au XII avant les Calendes de Février; il remplit néanmoins les 69 premiers feuillets du manuscrit.

Au folio 70 commence le *Necrologium*, qui forme l'objet de la présente publication (1). Il s'étend jusqu'au folio 93. L'intérêt de ce document, malgré la brièveté souvent regrettable des mentions, n'échappera certainement pas aux amis de nos antiquités provinciales, notamment en ce qui concerne les prélats, les dignitaires ecclésiastiques et séculiers, certaines familles chevaleresques et, surtout, la topographie de nos pays.

Dans un *Appendix*, j'ai cru devoir réunir, comme un complément en quelque sorte nécessaire du *Necrologium* : 1° les extraits qui m'ont paru les plus intéressants du *Martyrologium*; 2° le texte de quelques chartes conservé par Severt dans son livre

---

(1) Des additions ont été faites au texte du *Necrologium* aux XIIIe et XIVe siècles. Toutes ces additions se réfèrent à des personnages ayant vécu à une époque bien antérieure. J'ai signalé les additions du XIIIe siècle par ce signe §, celles du XIVe par cet autre ‖.

trop peu connu sur les évêques de Lyon et de Mâcon (2) ; 3° les actes occupant les folios 94 et 95 du manuscrit ci-dessus décrit, et, 4°, quelques extraits aussi du Nécrologe inédit de l'église collégiale de Notre-Dame de Beaujeu.

Lyon, 10 septembre 1874.

(2) *Chronologia historica successionis hierarchicæ illustrissimorum archian-tistilum Lugdunensis archiepiscopatus, galliarum primatus, nec non latior illustrissimæ ecclesiæ cathedralis et cæterarum diocesis Lugdunensis historia, etc.* -- Lyon, 1638, in-folio.

NECROLOGIUM

ECCLESIÆ SANCTI PETRI

MATISCONENSIS

JANUARIUS

KAL. JAN. — [[Eodem die obiit Umbertus miles de Mentonaco [1], nepos Stephani canonici.

[1] Mantenay, commune du canton de Saint-Trivier-de-Courtes (Ain). — Vers le commencement du XIIe siècle, un gentilhomme du nom d'Humbert, « désertant la milice séculière » pour prendre l'habit religieux, donna, de concert avec son frère Henri, à Saint-Pierre de Mâcon, la quatrième partie de la chapelle de Notre-Dame de Mantenay, et tout ce qu'il avait dans le village *jure hereditario.* C'est très-probablement de lui dont il s'agit ici. (V. SEVERT, *in episcop. matisc.,* p. 131.)

IIII Non. || Eodem die obiit Hugo, pater
Widonis, et Guibertus, conversus et regularis
canonicus illius ecclesie.

III.   § Ipso die obiit Guigo, conversus et regularis canonicus.

II.

Non. — § Ipso die obiit Sigaldus, conversus,
regularis canonicus.

VIII Id.

VII. — || Eodem die obiit Guigo, sacerdos et
regularis canonicus.

VI. — § Eodem die obiit Beliarda, nostre
congregationis sanctimonialis femina.
Item ipso die obiit S.

V. — § Obiit Guigo miles del Ses [1], hujus
ecclesie familiaris.

_____

[1] Le Saix, commune de Péronnas, canton de Bourg-en-Bresse. —
Ce Guy du Saix, d'une très-ancienne famille chevaleresque de la
Bresse, confirma, vers 1115, la donation que Guy Ferrols avait faite
à Saint-Pierre, du village de Longchamp, commune de Lent (Ain).
(V. GUICHENON, *Généalogie*, *Bresse*, p. 349, et SÉVERT, *o. l.*,
p. 130.)

§ Item obiit Adalardus, sacerdos, S. Vincentii [1] canonicus.

IIII. — § Ipso die obiit Acardus, miles, confrater hujus ecclesie, pater Guigonis canonici.

|| Item ipso die obiit Eldegarda, mater domini prioris et Joannis precentoris.

III.

II. — || Eodem die obiit Gaucerannus.

Eodem die domnus Gauterius, Cabilonensis pontifex [2], vir mire simplicitatis seculo decessit.

Idus. — || Eodem die obiit Eingelbertus [3] sacerdos, beati Vincentii canonicus, et commemoratio Gaufredi, patris Alcherici.

|| Item obiit Stephanus de Modoyo [4].

---

[1] Saint-Vincent, église cathédrale de Mâcon. Un Adalard, chanoine de Saint-Vincent, vivait vers 998-1018; un autre, sacristain, vivait vers 1158-1180. (V. *Cartulaire de Saint-Vincent*, ch. nos 500 et 621.)

[2] Gauthier Ier, évêque de Chalon-sur-Saône, vers 1080-1121, ou Gauthier II de Sercy, vers 1128-1158.

[3] Un Ingelbert, très-probablement chanoine de Saint-Vincent, est cité comme témoin dans un acte du commencement du XIIe siècle. (V. *Cartulaire de Saint-Vincent*, p. 25, no 30.)

[4] Mouhy, hameau de Prissé, près Mâcon.

XVIIII. KAL.

XVIII. — Ipso die obiit comes Raynaldus [1], qui dedit huic ecclesie unum censualem modium vini in villa Liviniaci [2].

XVII. — Eodem die commemoratio obitus Otgerii militis, cujus filius Otgerius dedit huic ecclesie III mansos in villa Donni Petri [3].

XVI. — § Ipso die obiit Gaucerannus levita, beati Vincentii canonicus [4].

XV. — § Ipso die obierunt Bernardus et Rotbaldus sacerdotes, atque Umbertus levita, S. Vincentii canonicus.

XIIII.

XIII.

---

[1] Raynaud Ier, comte de Mâcon, fils d'Otte-Guillaume et mari d'Alelaïde, vers 1023, ou Raynaud II, fils de Guillaume-le-Grand, comte de Bourgogne, vers 1087. Ce dernier fit une donation à Saint-Pierre, vers 1096 « *vadens in Hispaniam cum exercitu ad debellandam gentem paganorum.* » (V. SEVERT, *in episc. matisc.*, p. 118.)

[2] Levigny, hameau de Charnay-lès-Mâcon.

[3] Dompierre-les-Ormes, canton de Matour (Saône-et-Loire).

[4] Le *Cartulaire de Saint-Vincent* mentionne plusieurs chanoines du nom de Gauceran.

XII. — § Ipso die obiit Vido levita, S. Vincentii canonicus.

XI. — § Eodem die obiit Gaufredus, conversus et regularis canonicus.

[[Item Gaufredus, miles.

X. — [[Ipso die obiit Ricardus sacerdos, hujus ecclesie regularis canonicus [1]. Item obiit Umbertus, sacerdos et regularis canonicus.

VIIII.

VIII. — Ipso die obiit Otgerius, miles [2], qui

---

[1] Vers 1100, ce chanoine fit donation à son monastère d'un moulin à eau. (V. Severt, l. c. p. 130.)

[2] Très-probablement Ogier de Veyle, d'une des plus anciennes familles de la Bresse. Cet Ogier vivait à la fin du XIe siècle. (V. Cartulaire de Saint-Vincent, p. 323, ch. 548). Les droits qu'il concéda à Saint-Pierre firent le sujet d'un accord, en 1182, entre la dame de Veyle et le chapitre de Mâcon : Totum capitulum Matisconis et domna de Vela cum consilio suo convenerunt in curia domni Stephani, Matiscensis episcopi, super questione nemoris, quod simul habere noscuntur inter Velam et Bey, etc. (Ibid. p. 296, ch. 508). L'intervention du chapitre de Mâcon s'explique par ce fait, que, depuis 1090, le titre abbatial de Saint-Pierre était uni à la dignité épiscopale. (Ibid. Introduction, p. XXXV.)

dedit isti ecclesie currum silve inter Velam [1] et Beium [2].

VII.

VI. — Ipso die obiit Bernerius sacerdos, hujus ecclesie regularis canonicus.

V. — § Eodem die obiit Eldradus, conversus et regularis canonicus, qui huic ecclesie concessit mansum de Mortario [3].

IIII. — Ipso die obiit Johannes, canonicus et sacerdos.

III. — § Ipso die obiit Grunerius levita, hujus ecclesie amicus sanctique Vincentii canonicus.

II. — § Eodem die obiit Siedaldus, canonicus et levita.

---

[1] La Veyle, rivière, ou plutôt Pont-de-Veyle, chef-lieu de canton de l'arrondissement de Bourg.

[2] Bey, canton de Pont-de-Veyle (Ain).

[3] Peut-être Le Mortier, hameau de Griëges, canton de Pont-de-Veyle, où le chapitre de Saint-Pierre était possessionné. Les dîmes de la paroisse de Griëges se partageaient jadis entre les chapitres de Saint-Pierre et de Fourvières. (V. *Visite diocésaine de Camille de Neuville, archevêque de Lyon, en 1656, f° 389, mss.*)

FEBRUARIUS

Kl. Feb. — § Ipso die obiit Gualannus sacerdos, hujus ecclesie confrater.

IIII Non. — § Eodem die obiit Gaufredus, sacerdos et regularis canonicus [1].

§ Item obiit Umbertus sacerdos, et regularis canonicus.

III. — § Eodem die commemoratio Rotberti, patris Bernardi presbiteri, atque Berne matris ejus.

II. — § Ipso die obiit Oggerus Oliva [2], sacerdos, hujus ecclesie regularis canonicus.

---

[1] Vers 1035, Gaufroy, comte de Mâcon, recueillit sur la voie publique un jeune enfant de race israélite déjà circoncis. Le comte le fit baptiser, lui imposa son nom et le confia à la comtesse Béatrix, sa femme, qui le fit élever et instruire. Du temps de Philippe Ier, vers 1060, le jeune Gaufroy, « *cognoscens se progenitum tali stirpe,* » et désirant assurer son salut, se retira, chanoine régulier, dans le monastère de Saint-Pierre, auquel il abandonna tout ce qu'il possédait à Levigny. (V. *Severt, l. c.* p. 91.)

[2] Ce nom *Oliva* est écrit en interligne au-dessus d'*Oggerus.*

§ Item obiit Telbertus, canonicus atque sacerdos.

§ Item obiit Rotlannus, sancte hujus ecclesie canonicus.

Nox. — [[Ipso die obiit Ugo, conversus et regularis canonicus.

VIII Id. — Eodem die Letaldus, miles [1] et familiaris hujus ecclesie, ab impiis interemptus est.

---

[1] Ce gentilhomme est très-probablement le même que le *Leotaldus* qui fit une donation à Saint-Pierre, vers la fin du xıe siècle, donation confirmée plus par Guy du Saix (V. *Severt.* l. c. p. 130). Peut-être aussi ne fait-il qu'un avec le *Letaldus*, frère défunt, en 1090, d'un Etienne, grièvement blessé lui-même, qui fit don à l'église Notre-Dame de Beaujeu, en présence de Landry, évêque de Mâcon, venu pour le visiter, de fonds situés sur la paroisse de Dracé ? *Noticie presentium futurorumque traditum esse volumus quod anno incarnationis Dominice M X C, cum Letaldus mortuus fuisset et Stephanus graviter vulneratus, venisse dominum Landricum, Dei gratia Matiscensem presulem, causa visitandi eum, dedit ipse Stephanus per manus predicti presulis sancti Dei ecclesie in honore sancte Dei genetricis semperque virginis Marie fundate, in loco Beljoco site, et canonicis ibidem Deo servientibus quasdam terras sui alodi, pro remedio anime fratris sui Letaldi et sue... Sunt autem he terre, condamine et plures peciole terre site in pago Lugdunensi, in parroecia Draciaci, in villa Bossedo...* (Cartulaire de Beaujeu, p. 25, no 24.)

VII. — § Ipso die obiit Bertrannus, conversus et regularis canonicus.

VI. — § Eodem die obiit Bernardus, levita, hujus ecclesie regularis canonicus.

§ Item ipso die obiit Anto, conversus et regularis canonicus.

§ Item obiit Ava, mater Odonis canonici.

V.

IIII. — Eodem die obiit domnus Jaren... beate Virginis Chuirinensis [1] abbas, vir prudens et religiosus.

III. — Eodem die obiit Heynricus, conversus et regularis canonicus.

§ Item obiit Utulricus sacerdos, istius ecclesie regularis canonicus.

II. — § Ipso die obiit Dalmacius, S. Vincentii canonicus.

[[Obiit Raymoda femina nostre ecclesie fidelis amica, atque Bernardus de Pino, pater Stephani

---

[1] Charrey ou Charry? abbaye bénédictine, diocèse d'Autun

canonici [1], pro cujus rogatu matris sue et fratris
sui Hugonis et omnium predecessorum ejus
dignam exsolvimus commemorationem. — Item
commemoratio Hugonis de Felgerias [2].

‖ Item Durannus laicus.

Idus. — § Ipso die obiit Grimerius conversus,
hujus ecclesie canonicus. — Item obiit Umbertus,
S. Vincentii canonicus.

XVI Kal. — § Ipso die obiit Stephanus [de]
Jaiaco [3], confrater nostre congregationis.

XV. — ‖ Eodem die Blesmoda, mater Adalardi,
Bernardi, Widonis, Gaufredi atque Duranni, seculo
excessit, qui huic ecclesie concesserunt in villa
Varennis [4] unum mansum et terram de Alta
Silva, unde fratres lau... reficerentur.

---

1 Un Etienne de Pin est mentionné, dans une charte de 1096-
1124, comme témoin après le doyen du chapitre de Saint-Vincent,
ce qui donne tout lieu de croire qu'il était chanoine de la cathédrale et qu'il ne fait qu'un avec celui de notre obituaire.
(V. *Cartulaire de Saint-Vincent*, p. 326, ch. 553). — Le Pin est
un hameau de la commune de Laiz, près Pont-de-Veyle (Ain).

2 La Fougère ? commune de Chevroux (Ain), jadis fief.

3 Jayat, commune du canton de Montrevel (Ain).

4 Varennes, canton de Mâcon.

XIIII.

XIII.

XII. — [[Ipso die Ligbertus, canonicus nostre congregationis, et commemoratio Rotberti, laici, et uxoris sue Johanne, patris et matris Bernardi archidiaconi.

XI. — § Obiit Guiguo, regularis canonicus. Item obiit Petrus miles de Arlaco.

X. — Eodem die obiit Oggerius conversus et regularis canonicus.

[[Ipso die donnus Gausmarus, vir admirande benignitatis, regularium hujus ecclesie prior secundus [1], migravit a seculo; qui XLV annis tam felici moderamine hanc rexit ecclesiam, ut secundum apostolum omnia fore sciret in omnibus et supernorum civium credant meruisse esorcium. Cujus et jam sanctitatis merito hanc suis dignatus est dictis temporibus ampliare ecclesiam, non solummodo in claustris et in cameris, que sub eo

---

[1] Ce prieur de Saint-Pierre est mentionné dans deux chartes, sans dates, mais d'environ l'an 1096-1121. (V. *Cartulaire de Saint-Vincent*), p. 344 et 356, ch. 576 et 580, et Severt. p. 119.)

de ligneis petrine facte sunt, et in palliis et in cappis ceteris, que ecclesiasticis ornamentis verum et jam in ecclesiis nonnullis de foris adquisitis, in terris, in patris, in silvis, in molendinis; fuit si quidem vir predictus non solum tante puritatis ut a cunabulis privilegio castitatis floruisse credatur, immo pocius multis annis et etiam usque in finem dignas deo missas celebrasse noscatur. Unde Jhesus Christus, cui tot annis tam devote sacrificando servivit, ei vitam eternam remunerare dignetur [1].

VIIII. — Eodem die obiit Petrus miles [2], frater Ugonis canonici.

VIII. — Eodem die obiit Franno, conversus et regularis canonicus.

§ Item obiit Poncia, hujus ecclesie fidelis amica.

§ Item obiit Bernardus levita, hujus ecclesie canonicus.

[1] Cette note est écrite sur un fragment de parchemin attaché au manuscrit.

[2] Peut-être Pierre de Châtillon, qui donna des serfs à Saint-Pierre, v. 1096-1110. (V. *Serert*, l. c. p. 130.)

[[Item ipsodie obiit Frotgerius, pater Heinrici canonici, pro cujus rogatu Hodile, matris ejus, commemoratur obitus.

[[Item obitus Lamberti, militis, cognomento Discal [1], qui concessit h. hic ecclesie terram de Ventis [2].

VII. — Eodem die obitus Villelmi, archidiaconi, sapientis et bonne memorie viri, Iherosolima redeuntis.

§ Item obiit Otgerius levita, beati Vincentii canonici.

[[VI. — Obitus Duranni et Beliarde.

V. — Eodem die obiit Petrus de Vienna sacerdos [3], atque Gaucerannus, S. Vincentii canonici.

§ Item obiit Bernardus, sacerdos et regularis canonicus.

[1] La famille des Déchaux était puissante en Bresse au XIIe siècle. Ce Lambert vivait vers 1100.

[2] Severt, qui a donné (p. 119) un extrait de l'acte de donation de cette terre, l'appelle *Aohentes*.

[3] Ce Pierre de Vienne vivait vers le milieu du XIe siècle. (V. *Severt*. l. c. p. 92.)

|| Item obierunt Aschericus et Berardus, conversi hujus ecclesie regulares.

|| Obierunt Lanbaldus et Engelberga.

IIII.

III. — — Eodem die obiit Albertus sacerdos, istius ecclesie fidelissimus amicus.

II. — § Eodem die obiit Ulio miles, hujus ecclesie familiaris. Item Pontius, Gauterius, confratres.

§ Item obiit Oggerius, sacer[dos] et regularis canonicus.

MARTIUS

Kl. Mar. — Ipso die obiit Rainaldus, miles et regularis canonicus, atque Adelmodis, que dedit isti ecclesie I mansum in monte Balione.

VI Non. — Ipso die obiit Durannus, canonicus beati Vincentii atque sacerdos.

V.

IIII. — Eodem die obierunt Petrus et Ganceramnus, sacerdotes atque hujus ecclesie canonici regulares.

III.

II. — Ipso die obiit Drogo, Matiscensis episcopus [1], qui requiescit Aurelianis in ecclesia beati Evurcii [2].

§ Item obiit Aia, conjux Ilionis.

Non. — Eodem die obiit Arthaldus, conversus et regularis canonicus.

VIII Id. — § Obiit Vicardus de Miciaco [3]. — Item Gaufredus miles de Arlaco.

VII.

VI.

V. — || Eodem die Wicardus, frater domini Warulphi presbiteri, obiit.

IIII.

[1] Drogon, évêque de Mâcon, vers 1062-1072.
[2] Saint-Evurte ou Euvert, très-ancienne abbaye à Orléans.
[3] Ce personnage vivait vers 1060-1108. (V. *Cartulaire de Saint-Vincent*, p. 220, ch. 400). — Meziat est un hameau de la commune Vinzelles, canton de Mâcon.

III. — Ipso die obiit Vuichardus, canonicus atque sacerdos.

[[Item eodem die Gireldis conjux Utulrici militis familiaris hujus ecclesie decessit.

II. — Eodem die obiit Isembardus canoricus et sacerdos.

Nacherius miles.

XVII Kal.

XVI. — [[Obiit Suffisia mater Frotmundi militis de Dremelaco.

XV. — Ipso die obiit Wido regularis canonicus et sacerdos.

XIIII.

XIII. — Eodem die obiit Udebaldus clericus et canonicus.

XII. — § Ipso die obiit Odo sacerdos et regularis canonicus.

XI. — § Obiit Rotlannus sacerdos et regularis canonicus.

X. — § Eodem obiit Durannus sacerdos et regularis canonicus.

§ Item obiit Poncius bone memorie, qui dedit huic ecclesie mansum de Solario [1] cum solidis.

VIIII. — § Ipso die obiit Gauterius sacerdos, regularis canonicus.

VIII. — § Eodem die obiit Bernardus Garnerius conversus et regularis canonicus [2].

[[Ipso die obiit Gaucerannus monacus, qui nobis dedit unum mansum cum vercaria; cujus anniversarium agitur pro rogatu Odonis canonici, ipsius filii.

[[Eodem die obiit Wicardus, conversus et regularis canonicus.

VII.

VI. — Ipso die obiit Vualterius miles, qui dedit huic ecclesie cum fratre suo Udulrico [3] duas partes ecclesie de Feilingis [4], et eo suo proprio

[1] Ancien mas, commune de Bâgé-la-Ville ? *Mansus de Soleirio.* (Guichenon, *Bresse, preuves*, p. 15.)
[2] Ce Bernard Garnier donna, vers 1110, à Saint-Pierre, l'alleu qu'il possédait dans la paroisse de Jayat. (*Severt*, o. l. p. 132.)
[3] Le texte de la donation dont il est ici fait mention a été conservé par Sévert (p. 132). L'acte en fut rédigé dans les premières années du xiie siècle.
[4] Feillens, canton de Bâgé-le-Châtel (Ain).

2

unum mansum cum molendino in eadem villa, et ducentos solidos ad eandem ecclesiam faciendam.

Eodem die obiit Odila femina.

V. — Obiit Sospertus, canonicus nostre congregationis et levita.

[[Item obiit Humbertus S. Vincentii canonicus, et Wido miles de Corto [1].

[[Iem ipso die obiit Vido, sacerdos et religiosus.

IIII.

III. — Ipso die Humbertus sacerdos, hujus ecclesie regularis canonicus.

§ Item obiit Stephanus levita, hujus ecclesie regularis canonicus, atque Bernardus et Willelmus Jerosolima pergentes.

II.

APRILIS

KAL. APRIL. — Eodem die obiit Stephanus regularis canonicus et levita, qui dedit nobis unum mansum in villa Unjardis [2].

[1] Courtes, canton de Saint-Trivier-de-Courtes (Ain).
[2] Ongeard, hameau de Saint-Didier-sur-Chalaronne, ou Onjard, hameau de Bâgé-la-Ville (Ain).

Item obiit Dia cognomento Capreria, que huic ecclesie dedit unum mansum in Cantriaci [1] villa, et quamdam vineam in Carnaci [2] villa.

§ Item ipso die obiit Sigaldus fidelis et laicus hujus ecclesie familiaris.

IIII. Non. — § Ipso die obiit Guigo, levita et regularis canonicus.

§ Ipso die obiit Vitalis sacerdos, istius ecclesie regularis canonicus.

[[Eodem die obiit Hugo, miles de Loa...

III.

II. — § Ipso die obiit Stephanus, subdiaconus et regularis canonicus. Item eodem die obiit Berengerius, S. Vincentii canonicus.

[[Item obiit Johannes laicus, hujus ecclesie familiaris.

[[Item obiit Johannes subdiaconus de Rasiaco.

Non. — Ipso die Girbertus, sacerdos et canonicus S. Vincentii, pergens Romam defunctus est.

---

[1] Chaintré, canton de la Chapelle-de-Guinchay (Saône-et-Loire).
[2] Charnay, canton de Mâcon.

VIII Id. — § Eodem die Guilendus miles.

VII. — Ipso die Ugo, miles et regularis canonicus [1], atque Girardus, pater Artaldi, qui concessit
huic ecclesie pistorem Rotbaldum et Adalardum
et Albergiam, sororem eorum, cum progenie
ipsorum.

VI. — [[Ipso die obiit Andreas, conversus et
regularis canonicus. Eodem die obierunt Humbertus
de Dremelaco et Humbertus de Monte Morelli, pro
cujus anima Hugo filius ejus rectum quod habebat
in ecclesia beati Laurentii... donavit nobis.

[[Item obiit Johannes sacerdos et canonicus atque hujus ecclesie rectissimus amicus.

IIII.

III. — Eodem die Udulricus, miles, Rome obiit
in Christo.

___

1 Hugues « de Naia »; qui déposa l'armure de chevalier pour se
faire simple chanoine à Saint-Pierre, du temps de l'évêque Landry.
« Et Hugo, miles de Naia, omnia mundi relinquens, ad dictam
ecclesiam fugiens, sub canonicali regula domino se serviendum
tradidit. Qui unum mansum in villa Jarmolis situm nobis dedit
in presentia Landrici venerabilis episcopi, tempore Philippi regis. »
(SEVERT, o. l. p. 131.)

§ Item ipso die obiit Arnulfus, sacerdos et regularis canonicus.

II.—§ Eodem die obiit Bernardus Capa, sacerdos et regularis canonicus.

§ Item obierunt Durannus sacerdos, et Humbertus conversus, canonici regulares.

IDUS.

XVIII KAL. — Ipso die obiit Ugo canonicus atque sacerdos.

§ Item obiit Petrus sacerdos, hujus ecclesie regularis canonicus, atque Odo, subdiaconus, beati Vincentii precentor.

XVII. — Eodem die obiit Eustorgius, S. Vincentii canonicus, qui huic ecclesie multa contulit beneficia.

XVI. — § Eodem die obiit Grimorius miles.

XV. — Ipso die obiit Bernardus sacerdos, hujus ecclesie regularis canonicus.

§ Item eodem die obiit Aymo sacerdos, beati Vincentii atque hujus ecclesie fidelissimus amicus.

[[Item obiit Stephanus, sacerdos et regularis canonicus.

XIIII. — Donum Gebuini Lugdunensis archiepiscopi [1], qui hanc ecclesiam sacravit et ecclesias, quas in suo episcopatu adquirere posset, eas annuit; ipso die in Christo obiit.

§ Item obiit Otgerus, sacerdos et regularis canonicus.

XIII.

XII. — Eodem die obiit Gauceranus, sacerdos et regularis canonicus.

Item ipso die obiit Ugo Geroldus, conversus et canonicus.

Item obiit Maria cognomento Tardiva, mater Gauterii canonici.

[[Obitus Girardi militis.

[[Ipso die obiit Raymoda femina, mater Stephani de Cirisiaco [2].

XI. — Item obiit Albericus miles de Viriaco.

X. — [[Eodem die Rome obiit Oggerius nostre

---

[1] Saint Gébuin, d'abord archidiacre de Langres, fut appelé au siége archiépiscopal de Lyon le 17 septembre 1077. Il mourut le 18 avril 1082. (V. *Gallia Christiana*, t. IV; La Mure, *Histoire ecclésiastique du Diocèse de Lyon*, p. 150.)

[2] Ciry-le-Noble, canton de Toulon (Saône-et-Loire).

ecclesie amicus, pater Stephani canonici, pro cujus rogatu et matris sue commemoratur obitus.

VIIII.

VIII. — Eodem die obiit Rotbertus, conversus et regularis canonicus.

VII. — Ipso die obiit miles Arulpus, qui dedit isti ecclesie.

§ Item ipso die obiit Bernardus, regularis canonicus. Bertrannus sacerdos, istius ecclesie regularis canonicus.

[[Item obiit Terricus conversus, hujus ecclesie regularis canonicus.

VI. — § Ipso die obiit Stephanus, conversus et regularis canonicus.

V. — § Ipso die obiit Bernardus, conversus et regularis canonicus.

§ Item obiit Oggerius, conversus et regularis canonicus.

IIII. [[Ipso die obiit Otgerius, sacerdos et regularis canonicus.

III. — § Ipso die obiit Richerius, sacerdos et regularis canonicus.

II. — § Ipso die obiit Petrus, subdiaconus et regularis canonicus.

[[Manulfus et uxor ejus obierunt.

MAIUS

KL. MAII.

VI Non.— Eodem die obiit Bernardus, sacerdos et regularis canonicus, et Walterius, pater Leodegarii [1]. Item ipso die obiit Bernardus sacerdos et regularis canonicus.

§ Item obiit Villelmus, levita et regularis canonicus.

---

[1] « *Leodegarius, nobilis prosapiæ clericus ac majoris Lugdunensis ecclesiæ appellatus canonicus, omnia mundi dereliquit, et in basilica apostolorum Petri et Pauli apud Matisconem se Domino serviendum regulari canonica obtulit. Cujus mater Adelmodis cum ipso aliisque filiis dedit predictæ basilicæ tertiam partem capellæ B. Mariæ in pago Lugdunensi, in villa Felingis, cum terris, decimis, appenditiis.* » (SEVERT, c. I. p. 131.)

[[Obierunt Stephanus, pater Rotbaldi et Matrici.

V.

IIII.—Obiit Ugo, sacerdos et regularis canonicus.
§ Item obiit Adalasia hujus ecclesie familiaris.

III. — Achardus, subdiaconus et regularis canonicus, obiit, qui dedit huic ecclesie capellam sancti
Petri de Beciaco [1].

Item obiit Oggivus laicus.

Item obiit Rotlannus miles, hujus ecclesie fidelis
amicus. Item commemoratio Aymeldis, uxoris
ejus.

II. — Ipso die obiit Oliverius, hujus ecclesie
canonicus.

Non. — Eodem die obiit Eduinus, istius ecclesie
canonicus.

Item Adesmodis, mater Vicardi [de] Baugiaco,
canonici [2].

---

[1] Bey, canton de Saint-Martin-en-Bresse (Saône-et-Loire).
[2] Quel était ce Guichard de Bâgé? Les historiens de la puissante
maison de Bâgé, Guichenon, Fustailler, Juénin, n'en font aucune
mention.

§ Item obiit Adalardus, subdiaconus et regularis canonicus.

[[Item commemoratio patris et matris Lamberti canonici de Nodolio.

VIII Id.

VII. — [[Eodem die obiit Durannus sacerdos, beati Vincentii canonicus.

VI. — § Eodem die obierunt Stephanus et Girardus, sacerdotes et regulares canonici.

V. — Ipso die obiit Bernardus, sacerdos et regularis canonicus.

IIII. — Eodem die obierunt Euvrardus sacerdos, beati Vincentii canonicus, et Odo, levita, hujus ecclesie regularis canonicus.

III. — § Ipso die Jotcerannus levita et regularis canonicus.

II.

Idus. — § Eodem die obiit Wido sacerdos nostre congregationis, atque Bernardus, conversus atque regularis canonicus.

[[Item obiit Raynaldus, conversus et regulari canonicus.

XVII. — § Eodem die obiit Bernardus, conversu et regularis canonicus.

[[Item obitus Ugon *(sic)* militis.

XVI. — § Obiit Willelmus miles de Felingis qui concessit huic ecclesie obtimum mansu apud Clessiacum [2] cum omnibus apendiciis.

[[Item eodem die obiit Blaisius miles, huju ecclesie confrater.

XV. — Ipso die obiit Bernardus, sacerdos regularis canonicus.

[[Item obiit Gaufredus, frater Stephani canonici

XIIII.

XIII. — Eodem die obierunt Stephanus, sacerdos et Amedeus, subdiaconus, hujus ecclesie canonici regulares.

XII. — Ipso die obierunt Utulricus levita, atque

---

[1] Feillens, canton de Bâgé-le-Châtel (Ain).
[2] Clessé, canton de Lugny (Saône-et-Loire).

Norbertus, sacerdos, hujus ecclesie regulares canonici.

Item obitus Rotbortj, archipresbiteri, nostri karissimi amici.

Item obiit Gaufredus, miles de Laissa [1], hujus ecclesie canonicus.

XI. — § Ipso die obiit Gaufredus, conversus et regularis canonicus.

X.

VIIII. — § Ipso die obiit Stephanus, miles et regularis canonicus.

VIII.

VII.

VI. — [[Ipso die Geroldus sacerdos, frater Stephani et Bonelli.

[[Item obiit Pontius, miles de Mentoriaco [2].

V. — Ipso die obiit Lecelmus, sacerdos et regularis canonicus.

---

[1] Loyse? ancien fief, canton de la Chapelle-de-Guinchay (Saône-et-Loire).

[2] Mantenay, canton de Saint-Trivier-de-Courtes (Ain).

IIII. — Ipso die obiit Albericus, conversus et regularis canonicus.

§ Item eodem die Adalasia, comitissa [1] vocata, regali progenie orta, seculo decessit.

§ Item obiit Vido, conversus et regularis canonicus.

III. — Ipso die obiit Bernardus, conversus et regularis canonicus.

[[Item obitus Villelmi pueri, filii militis Oggerii de Vela [2].

II. — § Ipso die obiit domnus Vicardus, S. Vincentii decanus.

[[Eodem die obiit Humbertus, sacerdos, qui ecclesiam S. Johannis [3] summo studio edificavit.

---

[1] Très-probablement, Adélaïde, femme d'Otte-Guillaume, comte de Mâcon, vers 995-1023.

[2] V. ci-devant.

[3] Saint-Jean-sur-Reyssouze, canton de Saint-Trivier-de-Courtes, où les religieux de Saint-Pierre possédaient un prieuré. La cure était à leur collation. (V. *Cartulaire de Savigny et d'Ainay*, p. 928, 951, 978, 1,006 et 1,016.

JUNIUS

KL. JUN. — [[Jotserannus miles obiit.

IIII Non.

III. — Ipso die obiit Willelmus, sacerdos et regularis canonicus.

[[Item obiit Gilendus miles.

[[Item obiit Constantinus, sacerdos et regularis canonicus.

II.

Non.

VIII. Id.

VII.

VI.

V. — Eodem die obiit Rannulfus, S. Vincentii canonicus et levita.

Item ipso die, Dalmacius, miles Dorval, seculo decessit, qui huic ecclesie concessit omne illud

decimam quod habebat in sancti Bonniti [1] parrochia [1].

IIII.

III. — § Eodem die obiit Berardus Canoblensis.

II. — Ipso die obiit Bernardus sacerdos, hujus
ecclesie regularis canonicus.

[[Obierunt Varnerius et Tetsa.

Idus.

XVIII Kal. — [[Eodem die obiit Viendus miles
de Asneriis [2], qui huic ecclesie dedit unum mansum in villa Uriniaci [3].

XVII.

XVI.

XV. — Ipso die obiit Eldebertus conversus, hujus
ecclesie regularis canonicus. — [[Isenbertus.

XIII

—————

1 Saint-Bonnet-le-Troncy, canton de La Mure (Rhône). Le droit
de présentation à la cure de cette paroisse appartenait jadis au
monastère de Saint-Pierre.

2 Asnières, canton de Bâgé-le-Châtel (Ain).

3 Hurigny, canton de Mâcon.

XIII.

XII. — [[Obiit Oggerius miles, hujus ecclesie amicus.

XI. — Obitus Bernardi presbiteri, hujus ecclesie canonici, Jherosolima redeuntis.

Item obiit Umbertus, sacerdos et regularis canonicus.

X.

IX.

VIII.

VII.

VI. — [[Eodem die obiit Rainerius conversus, hujus ecclesie regularis canonicus.

[[Item obiit Huguo, sacerdos et regularis canonicus.

V. — Eodem die obiit domnus Jotlizaldus, Cabilonensis ecclesie episcopus [1].

§ Item ipso die obiit Bernardus Wicardus, conversus et regularis canonicus.

---

[1] Gothaud, évêque de Chalon-sur-Saône, de 1121 à 1126.

IIII.

III. § — Eodem die obiit Einricus, conversus et regularis canonicus.

II.

JULIUS

KAL JUL. — Ipso die Arbaldus, nostre congregationis canonicus atque sacerdos.

[[Ipso die Oggerius, levita atque canonicus, et miles Milo, hujus ecclesie familiarissimi, in Christo obierunt.

VI. Non. — Ipso die Rannulfus, abbas [1] atque sacerdos, obiit.

V.

IIII. — Ipso die obiit Basilius, conversus et regularis canonicus.

---

[1] Cet abbé de Saint-Pierre de Mâcon vivait vers 1029. (V. *Gallia Christiana*, t. IV, et *Severt*, o. l., p. 91 et 92.)

§ Item obiit Ugo miles de Vincellis [1].

III.

II. — [[Ipso die obiit Vicardus, prior S. Germani [2] et regularis canonicus.

Non. — Ipso die Ildebaldus, canonicus et sacerdos, obiit.

[[Item obiit Vido miles, de Cortos [3].

VIII ID. — Eodem die obiit Gauslemus, episcopus [4], istius abbatie restaurator et nostre congregationis conversus et regularis canonicus. Item obiit Durannus laicus.

Obiit Berardus, laicus miles.

---

1 Vinzelles, canton de Mâcon, la première baronnie du Mâconnais.

2 Saint-Germain-des-Bois, canton de La Clayette (Saône-et-Loire). — Le prieuré fondé dans cette commune, en 1086, par Aganon, évêque d'Autun, fut ruiné par un parti de Calvinistes aux ordres des lieutenants de l'amiral de Coligny.

3 Courtes, canton de Saint-Trivier-de-Courtes.

4 Gaulène, Gaulème ou Gaucelin de Vienne, évêque de Mâcon vers 1020-1030. — Ce prélat, vers l'an 1020, rétablit l'abbaye de Saint-Pierre, qui était en ruine et dont les propriétés avaient été usurpées. Il la dota de nouveau de fonds, de dimes, de chapelles dépendant de son siége épiscopal. (V. *Introduction au Cartulaire de Saint-Vincent*, p. XXXIV.)

VII.

VI. — Otgerius, S. Vincentii canonicus et levita, obiit.

V. — Eodem die obiit Poncius, sacerdos et regularis canonicus.

IIII. — [[Obiit Fecema [1] monacha.
Item Regina obiit.

III. — § Ipso die obiit Foldradus, sacerdos et regularis canonicus.

II. — Obitus Garulphi, primi patris nostri [2], cujus ecclesia hec bonis et possessionibus regulariter in tantum excrevit, ut in eadem usque ad

---

[1] Cette dame, d'extraction noble, avant de se faire religieuse, vers le commencement du XIIe siècle, fit faire donation au monastère de Saint-Pierre, de l'église de Servas avec ses dimes, et d'une partie de celle de Longchamp, près de Lent : *Ego Gebuinus, Lugdunensis ecclesiæ pastor..., adiit... nobilis mulier Fecena..., ut... ecclesiam de Sylva cum decimis, quas huc usque habuerat, pro Dei amore abbatiæ S. Petri.., et ecclesiæ de Longo Campo, ubi sub Christi jugo vivere disposuerat... concederemus.* (V. SEVERT, l. c., p. 130 et 131.)

[2] Garulphe ou Varulphe, premier prieur des chanoines réguliers de Saint-Pierre, vivant vers 1090. (V. *Gallia Christiana*, t. IV.)

quadragenarium numerum aumentat? Deo sub regula militarent.

Item ipso die obiit Wido comes [1].

Ipso die obiit Adalardus, S. Vincentii canonicus.

Idus.

XVII. — [[Obitus Bernardi laici, patris Bernardi canonici.

[[Item obiit Girardus laicus.

XVI. — § Ipso die obiit Bernardus, sacerdos hujus ecclesie amicus.

XV. — Eodem die obiit Geraldus, sacerdos hujus ecclesie regularis canonicus.

XIIII — Ipso die obiit Ermengardis femina.

XIII. — Ipso die obiit donnus Berardus, matiscensis episcopus [2], qui huic ecclesie dedit eccle-

---

[1] Guy, fils de Geofroy, comte de Mâcon, en 1065. Vers 1078, il se retira à Cluny avec ses fils et trente chevaliers, qui s'y firent moines. (V. *Annales bénédictines*, t. IV, p. 669; JUENIN, *Nouvelle Histoire de Tournus*, t. II, p. 327.)

Ce comte avait fait plusieurs concessions aux religieux de Saint-Pierre. (V. SEVERT, l. c., p. 92.)

[2] Berard de Châtillon, évêque de Mâcon, élu en 1096, sacré en 1097, mort en 1125.

siam de Vilars[1] et v solidos debitales in archipres-
biteratu Dunensi [2].

Item obiit Uldricus, conversus et regularis canonicus.

XII.

XI. — § Ipso die obiit Johannes, conversus et
regularis canonicus.

X.

VIIII.—§ Ipso die obiit Adalasia, hujus ecclesie
amica.

§ Item obiit Huguo, sacerdos et regularis canonicus.

VIII. — [[Obitus Arnoldi, patris Bernardi canonici, pro cujus anima, rogatu Iliarde, matris ejus,
commemoratio agitur.

---

[1] Le Villars, ancienne paroisse dans l'archiprêtré de Beaujeu.
Son église était jadis à la présentation du prieur de Saint-Pierre de
Mâcon. (V. *Cartulaire de Saint-Vincent*, introduction, p. cclxxiii.)
[2] Dun-le-Roi, commune de Saint-Racho, canton de La Clayette
(Saône-et-Loire). Dun-le-Roi fut autrefois une ville d'une certaine
importance. Philippe-Auguste fit détruire, en 1187, la forteresse
qui la défendait. (MOSNIER, *Annuaire de Saône-et-Loire*, de 1859,
p. 389.)

[[Item obiit Adalasia conjux Utulrici de Felingis [1].

VII. — § Ipso die obiit Poncius, sacerdos et regularis canonicus.

Item obiit Adalasia monacha.

VI.

V. — § Eodem die obiit Odila, mater Hugonis, canonici de Arlaco.

IIII.

III.

II. — § Ipso die obierunt Stephanus atque Raynoldus, sacerdotes, hujus ecclesie canonici regulares.

---

[1] Vers 1110, cet Ulric de Feillens et son frère Gauthier donnèrent aux religieux de Saint-Pierre les deux tiers de la chapelle Notre-Dame de Feillens et de ses dépendances. (V. SEVERT, l. c., p. 131.)

AUGUSTUS

KL. AUG. — Ipso die obiit Bernardus, miles [1], hujus ecclesie canonicus.

IIII. Non.

III. — Ipso die obiit Rotlannus, conversus hujus ecclesie, regularis canonicus.

Item eodem die obiit Vicardus, subdiaconus, beati Vincentii canonicus atque hujus ecclesie fidelissimus.

II. — Ipso die obiit Arnaldus, magister et confrater ecclesie nostre.

Item eodem die obiit domnus Unaldus, Sancti Eugendi cenobii abbas [2], vir bone memorie et mire simplicitatis.

---

[1] Très-probablement Bernard de Montcet, qui fit un legs, dans les premières années du xiie siècle, aux religieux de Saint-Pierre. (V. Severt, p. 130.)

[2] Hunaud Ier, abbé de Saint-Claude (Jura), en 1084-1093, ou Hunaud II, abbé en 1106-1112.

Non. — Ipso die obiit Umbertus, miles, qui dedit nobis mansum unum in villa.

Item eodem die obiit Aptonia, mater Lespranni, militis [1], que huic ecclesie contulit unum mansum in villa Corcellis [2].

VIII. id. — Obiit Wido, regularis canonicus et sacerdos.

[[Item obiit Berardus, miles, frater Gauterii canonici.

[[Item obiit Archinbaldus, vicecomes [3].

VII. — Ipso die obiit Gaufredus, puer et regularis canonicus.

VI.

V.— § Ipso die obiit Petronella, mater Stephani canonici de Morges.

---

[1] Ce Lesprand donna, du temps de saint Gébuin, archevêque de Lyon, aux religieux de Saint-Pierre, les droits qu'il avait sur l'église de Mantenay. (V. Severt, l. c., p. 131.)

[2] Probablement Corcelles, hameau de Grièges (Ain).

[3] Cet Archimbaud, vicomte de Mâcon, fils d'Artaud et petit-fils de Hugues, mourut après 1040. Sa femme s'appelait Béatrix. (V. A. Bernard, *Essai historique sur les vicomtes de Lyon, de Vienne et de Mâcon, du IXe au XIIe siècle*, p. 35.)

[[Item obiit Otgerius Martini, conversus et regularis canonicus.

IIII. — § Ipso die obiit Supplicia monacha.

· § Item obiit Otgerius, levita, hujus ecclesie amicus.

III.

II. — § Ipso die obiit Alexandra, uxor Berardi Carovelusis.

§ Item obiit Petrus, sacerdos et regularis canonicus.

IDUS. — Ipso die obiit Stephanus, conversus et regularis canonicus.

XVIIII. KL.

XVIII. — Ipso die obiit Bertrannus, subdiaconus, beati Vincentii canonicus.

Item obiit Odo miles.

XVII.

XVI.

XV.

XIV.

XIII.

XII.

XI.

X.

VIIII. — Ipso die obiit Lambertus, conversus et regularis canonicus.

VIII. — Ipso die obiit Pontius, sacerdos, beati Vincentii canonicus.

Item ipso die obiit Stephanus, sacerdos et regularis canonicus.

VII. — Ipso die obiit Stephanus, sacerdos et regularis canonicus. Item ipso die obiit Poncius, sacerdos et regularis canonicus.

VI.

V. — § Ipso die obiit Florentia, mater Bartholomei canonici.

IIII. — Obiit Magnerius, S. Vincentii canonicus, qui dedit huic ecclesie argenteum ciffum.

III. — [[Commemoratio fratrum nostrorum Guillelmi, patris Huguonis monachi, et Jotceranni, ejusdem avunculi.

II. — § Obiit Rotbertus, conversus et regularis canonicus.

SEPTEMBER

KL. SEPT. — Eodem die obiit Stephanus, sacerdos, regularis canonicus.

IIII Non. — Eodem die obiit Raynaldus, conversus et regularis canonicus.

III. — Ipso die obiit Gauffredus, subdiaconus, sancti Vincentii canonicus, qui dedit huic ecclesie unam vineam juxta Hebreorum [1] sepulturam et unum pratum.

Item ipso die obiit Stephanus, sacerdos et regularis canonicus.

II.

Non. — [[Eodem die obiit Amblardus, conversus et regularis canonicus.

---

[1] Sur les Juifs du Mâconnais. V. Préface du *Cartulaire de Saint-Vincent*, p. LXIX.

VIII. Id.

VII. — [[Eodem die obiit Umbertus, conversus et regularis canonicus.

VI.

V. — Obiit Durannus, regularis canonicus et sacerdos, et Matildis hujus ecclesie amica.

IIII. — Eodem die obiit Bernardus, conversus et regularis canonicus.

III.

II. — Obiit Radulfus.

Idus.

XVIII Kl. — Obiit Raculfus, regularis canonicus et sacerdos.
Item obiit Ugo, sacerdos et regularis canonicus.

XVII.

XVI. — Ipso die obiit Magnerius, conversus et regularis canonicus.

XV.

XIIII. — Ipso die obiit Rotboldus, sacerdos et regularis canonicus.

Item Bernoldus, conversus et regularis canonicus.

XIII.

XII. — [[Ipso die obiit Hugo, hujus ecclesie
fidelissimus amicus.

[[Item obiit Bernardus, conversus et regularis
canonicus.

XI. — [[Obiit Girinus, subdiaconus et regularis
canonicus.

[[Item commemoratio Heinrici, militis [1] hujus,
ecclesie fidelis amici.

[[Item commemoratio Albiti, militis et Aie,
uxoris sue.

X. — Ipso die obiit Gaufredus, beati Vincentii
archidiaconus.

---

[1] Doit-on attribuer à ce personnage la donation suivante?
V. 1100. « *Ego Henricus cum uxore mea Agna dono sacrosanctæ
ecclesiæ apostolorum Petri et Pauli imminenti mænibus Matis-
conens, medietatem unius molini super rivum Graonnæ, in villa
Vernolio, conditi cum oppenditiis.* (SEVERT, o. l., p. 91.)

Item donnus Vicardus Bajocensis[1] ab hac vice migravit.

VIIII.

:VIII. — Eodem die obitus Constantini, sacerdotis et regularis canonici.

Item ipso die obiit Bernardus, levita et regularis canonicus.

VII. — [[Obiit Bernardus, laicus et regularis canonicus..... in hac ecclesia sepultus, qui in vita sua locum nostrum singulari diligencia..... religionis et edificiorum hic..... servientium ampliare desiderans, construxit capellam in honore beate Virginis Marie et sancti Vincentii et cameram juxta suis apparatibus munitam in sustentatione..... sepe multa largitus; circa vero obitus sui terminum donavit nichilominus; huic

---

[1] Très-probablement Guichard II, sire de Beaujeu, mari de Ricoaire, mort vers 1080. Son anniversaire se faisait un jour plus tard dans l'église Notre-Dame de Beaujeu : « IX Kal. Octobris.— Eodem die obiit Guichardus, dominus Belli-Joci, qui dedit nobis vigenti solidos debitales pro uno parro anniversario. (V. Obituaire manuscrit de Beaujeu, p. 35.)

ecclesie duos libros et XLIIII marcas argenti cum quingentis solidis.

VI.

V. — Obiit Jarlánnus, canonicus et sacerdos.

§ Item obiit Vicardus, sacerdos, hujus ecclesie canonicus régularis.

IIII. — Obierunt Evrardus atque Franno, sacerdotes, hujus ecclessie canonici regulares.

Item Ermengardis femina.

Item obiit Ava monacha.

III. — Eodem die obierunt Oogerius et Bernardus, sacerdotes atque canonici regulares.

II. — Ipso die obiit Constantinus, laicus, hujus ecclesie canonicus.

OCTOBER

Kl. Oct.

VI Non.

V. — Eodem die obiit Petrus, conversus et regularis canonicus.

IIII.

III. — § Obitus Letiardis, matris Aymonis canonici, pro cujus anima idem Aymo dedit decimam, quam adquisierat in parrochia Berisiacensi [1] ad mensam fratrum eodem die reficiendam.

II. — Eodem die obiit Ugo, memorandus vir, Lugdunensis archiepiscopus [2].

Non.

VIII Id. — Ipso die obiit Guigno, levita ecclesie beati Vincentii.

VII.

VI.

---

[1] Béreyziat, commune du canton de Montrevel (Ain). Le prévôt de Saint-Pierre de Mâcon présentait jadis à la cure. (V. Cartulaire de Savigny et d'Ainay.)

[2] Hugues Ier de Bourgogne, d'abord religieux à Saint-Marcel de Chalon, puis évêque de Die, enfin élu archevêque de Lyon vers 1085. (V. Gallia Christiana, t. iv, col. 216.) Son anniversaire se faisait un jour plus tard, dans l'église métropolitaine de Lyon. (V. Obituarium Lugdunensis ecclesiæ, p. 128.)

V. — Obiit Ailoaldus, miles et regularis canonicus, qui dedit huic ecclesie unum curtilum ad.
S. Sulpicium [1].

Obiit Segaudus, miles, hujus ecclesie familiaris.

IIII. — Obiit Poncius, miles et regularis canonicus, qui dedit huic ecclesie unum mansum in
villa Jaiaco [2], alterum in villa Wirrencis [3].

Ipso die obiit Anselardus, S. Vincentii canonicus, qui dedit huit ecclesie unum mansum in
villa Blaniaco [4].

§ Item ipso die obiit Poncius, conversus et
regularis canonicus.

III. — Eodem die Bernardus archipresbiter [5]
Iherosolimam pergens defunctus est.

§ Item obiit Landricus, miles, hujus ecclesie

---

1 Saint-Sulpice, canton de Bâgé-le-Châtel (Ain).
2 Jayat, canton de Montrevel (Ain). — Le prévôt de Saint-Pierre
de Mâcon présentait à la cure.
3 Peut-être Viriat, canton de Bourg (Ain).
4 Blany, commune de Laizé, canton de Mâcon.
5 Cet archiprêtre vivait vers la fin du xe siècle, à l'époque de la
première croisade. (V. *Cartulaire de Saint-Vincent*, p. 313-314,
ch. 532-535.)

4

fidelis amicus, et commemoratio uxoris ejus omniumque predecessorum.

[[Item obiit Vincentius, regularis canonicus.

II.

Idus. — Ipso die obiit Berardus, conversus et regularis canonicus.

XVII Kl.. — § Ipso die obiit Bernardus, beati Vincentii archidiaconus atque hujus ecclesie amicus.

XVI. — Obiit Blesmodis, que dedit isti ecclesie decimas ecclesie S. Petri de Beciaco [1].

§ Item eodem die obiit Aynardus, sacerdos et regularis canonicus.

XV. — Obiit Umbertus, S. Vincentii canonicus, qui dedit huic ecclesie unam condeminam in villa Lacis [2].

---

[1] Bey, canton de Saint-Martin-en-Bresse (Saône-et-Loire).
[2] Laiz, canton de Pont-de-Veyle (Ain), ou Laizé, canton de Mâcon.

XIIII.

XIII. — Suplicia, que dedit isti ecclesie unum mansum in villa Mantennio [1], obiit.

XII. — Eodem die obiit domnus Umbertus. S. Vincentii archidiaconus [2], qui huic ecclesie pro remedio anime sue mille solidos dedit.

XI.

X.

IX. — § Ipso die obiit Aymo puer, hujus ecclesie regularis canonicus.

VIII. — Obiit Ugo vice comes [2], qui reddidit

---

[1] Mantenay, canton de Saint-Trivier-de-Courtes (Ain).

[2] Cet Humbert, archidiacre de Saint-Vincent, vivait vers 1096-1121. (V. *Cartulaire de Saint-Vincent*, p. 329, ch. 555.)

[3] Cet Hugues, vicomte de Mâcon, était fils du vicomte Archimbaud, mentionné ci-dessus. Il mourut vers 1076, laissant aussi deux fils : Artaud, qui lui succéda, et Archimbaud. Cet Hugues prit le surnom de Le Blanc *(Albus)*, que garda depuis sa famille. (V. A. BERNARD, *op. laud.*, p. 37 et seq.) Le texte de la donation mentionnée dans le Nécrologe a été conservé en grande partie par SEVERT, *in episc. Matisc.*, p. 118. (V. l'Appendix.)

huic ecclesie capellam sancti Andree [1] cum
vicaria, annuente Vuidone comite [2].

VII. — Ardebaldus canonicus, atque sacerdos [3],
ipso die spiritum rediddit, qui dedit huic loco I
mansum in villa Huriniaco [4].

Obiit Beatrix, conversa, et Maiolus ejus fidelis.

VI. — Ipso die obiit Aymo, sacerdos et regularis
canonicus.

V.

IIII.

---

[1] Saint-André-de-Villers, près de Charlieu (Saône-et-Loire).

[2] Gui, comte de Mâcon. (V. ci-devant p. 36, note 1.)

[3] Ce chanoine vivait vers le milieu du xe siècle. Le Cartulaire
de Saint-Pierre contenait un acte d'acquisition fait par lui et son
frère, à Hurigny, du temps du roi Henri Ier. Cet extrait en a été
conservé par Severt, o. l., p. 98 : *Dominis et fratribus Ardebaldo,
canonico, et fratri suo Riculfo, ego Constantinus et uxor mea
Ermengardis vendimus vineam sitam in villa Uriniaci. Terminatur, etc. Habet in longitud, perticas XXI et dimid., in latit. IV
et dimid. Si quis contradixerit, auri uncias tres componat. Anno
primo regnante Heinrico rege.*

[4] Hurigny, canton de Mâcon.

SANCTI PETRI MATISCONENSIS — NOVEMBER 53

III. — § Ipso die obiit Geraldus, conversus et regularis canonicus.

II.   •

NOVEMBER

Kl. Nov. — § Obiit Ermengardis monacha.

§ Ipso die obiit bone memorie Vicardus, subdia-conus et regularis canonicus.

IIII Nox. — § Commemoratio fratrum nos-trorum, Duranni videlicet atque Ugonis Jheroso-lima redeuntium. Item Ansedei et Guinebaldi.

§ Commemoratio fratrum defunctorum Sao-nensis ecclesie.

§ Item beati Pauli Chrisopolitanensis ecclesie [1].

III.

II.

[1] Besançon (Doubs).

NON.

VIII id. — Commemoratio Rogonis et uxoris ejus Berte eorumque predecessorum.

VII.

VI. — § Eodem die obiit Dodo, sacerdos et regularis canonicus.

§ Idem obiit Hugno, sacerdos et regularis canonicus.

V.

IIII. — [[Obiit Agnes, mater Sigismundi canonici, que dedit huic ecclesie unum mansum in villa Siniciaco [1].

[[Item obiit Berardus, conversus et regularis canonicus.

III. — Eodem die obiit Wido, sacerdos, hujus ecclesie regularis canonicus.

§ Item obiit Odila, mater Bermundi canonici.

---

[1] Sennécé-les-Mâcon, à 6 kilomètres nord de Mâcon.

II. — Eodem die obierunt Bernardus, archipresbyter, beati Vincentii canonicus, et Ugo, miles de Felingis [1].

§ Item eodem die obiit Berardus, conversus et regularis canonicus.

Idus. — Obiit Humbertus, nostre congregationis monachus et S. Eugendi [2] prepositus.

Item eodem die obiit Galterius, sacerdos, hujus ecclesie regularis canonicus.

§ Item obiit Durannus, sacerdos et regularis canonicus.

§ Item ipso die obiit Berardus, conversus et regularis canonicus, atque Berardus, miles de Baivers [3].

XVIII Kal. — Obiit Berardus, regularis cano-

---

[1] Feillens, canton de Bâgé-le-Châtel (Ain).
[2] Saint-Claude (Jura).
[3] Beyviers ou Bévy, commune de Marsonnas (Ain). Le membre le plus ancien connu de la famille chevaleresque de Beyviers est Gauthier de Beyviers, chevalier, qui se croisa, en 1120, avec Berard, évêque de Mâcon. (V. GUICHENON, *Généalogie de Bresse*, p. 73.)

nicus et sacerdos, et commemoracio Villelmi, militis de Clarmunt [1].

XVII. — Ipso die obiit Hugo, miles.

XVI.

XV.

XIIII. — Eodem die obiit Villelmus, conversus et regularis canonicus.

Item Adalasia de Moncello [2].

XIII. — Ipso die Valterius, abbas [3], impie interemptus est.

[1] Clermont, hameau de Saint-Didier-d'Aussiat (Ain), ancien fief possédé d'abord par des gentilshommes qui en portaient le nom. Outre celui de notre Nécrologe, on connaît Robert et Humbert de Clermont, frères, bienfaiteurs de Laumusse, en 1236, et Gérard de Clermont, qui transigea avec les Templiers en 1250. (V. Arch. du Rhône, lit. Laumusse, invent. de 1627, f° 8.)

[2] Peut-être Montceaux-l'Etoile, canton de Marcigny (Saône-et-Loire), où il y avait jadis un ancien château-fort : ou Montcet, près de Béreyziat (Ain).

[3] Ce Gauthier, abbé de Saint-Pierre de Mâcon, vivait vers 1050. (V. Gallia-Christiana, t. IV.) Il fut assassiné le 19 novembre 1064. Anno M.LXIV ab incarnatione Dominica, indictione II, Philippo pulcro regnante in Francia, qua Gualterius crudeliter interemptus a præsenti decidit vita, etc. (SEVERT, o. l., p. 104.)

XII. — Obiit Poncius, miles p. a. c.

XI.

X.

IX.

VIII. — § Eodem die obierunt Wido et Aymo, sacerdotes atque hujus ecclesie canonici regulares.

VII. — Ipso die obierunt Guillelmus, sacerdos et canonicus, pro meritis suis in ecclesiis nostris digne memorandus; et Lespramus, familiaris nostre ecclesie amicus.

Item ipso die obiit Utulricus, miles de Balgiaco [1], confrater et amicus hujus ecclesie. —

[1] Ulric Ier, sire de Bâgé. Vers 1120, sur le point de se croiser pour Jérusalem, il engagea à Saint-Pierre de Mâcon ce qu'il avait à Marsonnas, à Saint-Didier-d'Aussiat et dans les villages de Chaselles et d'Hermondanges. A son retour de la croisade, il se retira dans un hermitage de la forêt de Brou, où il vécut le reste de ses jours sous l'habit de bénédictin. (V. GUICHENON, *Histoire de Bresse*, Ire partie, p. 47; JUENIN, *Nouvelle Histoire de Tournus*, t. II, p. 332; SEVERT, o. l., p. 133.)

Commemoratio Blesmodis, matris St. Idquini de Mentonaco.

§ Item Blesmodis, monacha.

Item eodem die obiit Aymo, et commemoratio uxoris ejus Dode.

VI.

V.

IIII. — § Ipso die obiit Martinus, sacerdos et regularis canonicus.

§ Eodem die obiit Odo miles, qui concessit huic ecclesie unum curtile situm in villa Mungarrit.

III. — § Eodem die obiit Bernardus, sacerdos et regularis canonicus.

Item obiit Uguo, miles de Balma [1].

II.

---

[1] Hugues de La Balme, chevalier. En 1086, il fit une alliance avec Hugues, abbé de Nantua, puis de Cluny. (GUICHENON, *Généal. Bugey*, p. 22.) Vers 1102, il fut témoin d'une donation faite à Saint-Pierre de Mâcon par Guillaume II, comte de Bourgogne. (SEVERT, o. l., p. 118.)

DÉCEMBER

KL. DECEM.

IIII Nox. — § Ipso die obiit Alexandra, mater Hugonis, canonici de Valens [1].

III. — Eodem die obiit Villelmus, subdiaconus et regularis canonicus.

§ Item obiit Attala, uxor Aimini de Pisiaco [2].

II.

Nox. — Eodem die obiit Otgerius miles, qui dedit huic ecclesie unum mansum in villa Floriaci [3].

---

[1] Peut-être Valeins, canton de Thoissey.
[2] Pizey, très-ancien fief dans la commune de Saint-Jean-d'Ardière (Rhône).
[3] Fleurie, canton de Beaujeu (Rhône). ou Fleyriat. commune de Viriat. canton de Bourg (Ain).

VIII Id. — || Eodem die extra castrum, in monasterio quod est contructum in honore S. Dei Genitricis Virginis Marie, domuus..... vir magne humilitati· et admirande doctrine..... ejusdem cenobii..... concessit. Item commeratio Wycardi, presbiteri at que hujus ecclesie.. ..

VII.

VI. — § Eodem die obiit Garulphus, sacerdos, beati Vincentii canonicus atque hujus ecclesie fidelis amicus.

V.

IIII.

III.

II.

Ibus. — Eodem die obiit Girardus, clericus, nostre congregationis canonicus.
Item obiit Warulfus, miles.

XVIIII. Kal. — Eodem die obiit Ewrardus, conversus et regularis canonicus.

XVIII.

XVII. — Eodem die obiit Albericus, miles, frater Ugonis, canonici de Arlaco.

XVI.

XV. — Eodem die obiit Villelmus, Burgundie comes [1].

Item obiit Artebaldus, canonicus atque sacerdos qui hanc ecclesiam suis ditavit opibus.

Item obiit Villelmus, miles.

XIIII. — Obiit Aynricus, conversus et regularis canonicus.

XIII.

XII. — Eodem die obiit Ugo Raserius, qui dedit nobis unum mansum in villa Burziaco [2].

Item ipso die obiit Cecilia, femina hujus ecclesie fidelissima.

---

[1] Guillaume II dit l'Allemand, comte de Bourgogne et de Mâcon, de 1102 à 1125. Il fit une concession aux religieux de Saint-Pierre, dont Severt a conservé le texte, o. l., p. 158.

[2] Berzé, canton de Mâcon.

XI.

X. — Ipso die obiit Guigo, miles, cognomente Ferrols [1], qui dedit huic ecclesie duos mansos optimos et unam colongiam.

VIIII.

VIII. — Ipso die obiit Ugo, sacerdos et regularis canonicus.

VII. — Ipso die obiit Isenbardus, canonicus.

VI. — Eodem die obiit Arulfus conversus, et regularis canonicus et mater ejus Ava.

V. — Ipso die obiit Stephanus, sacerdos hujus ecclesie regularis canonicus.

Item ipso die obiit Bernardus, sacerdos et regularis canonicus [2], cujus ingenio et industria

---

[1] Ce gentilhomme vivait au commencement du xiiᵉ siècle. Vers 1115, Gui du Saix confirma la donation qu'il avait faite, aux religieux de Saint-Pierre, du village de Longchamp. (V. ci-devant p. 2, note.)

[2] Ce chanoine vivait vers 1100, époque où l'église de Saint-Julien fut donnée à Saint-Pierre.

adquisivimus ecclesiam beati Juliani [1]. cum capella de Mentonaco [2]. et omnia que in parechia possidemus.

Item ipso die obiit Gauceramnus, miles atque canonicus, qui huic ecclesie dedit unum mansum in villa Silve [3].

IIII.

III. — Ipso die obiit Rotgerius, monachus hujus ecclesie confrater.

Item obiit Letcelus sacerdos. hujus ecclesie regularis canonicus.

II. — Vido, conversus atque regularis canonicus. ipso die obiit.

---

[1] Saint-Julien-sur-Reyssouze, canton de Saint-Trivier-de-Courtes (Ain). Les chanoines de Saint-Pierre y possédaient jadis un prieuré. La cure était à la présentation de leur prévôt.

[2] V. ci-devant, p. 40, note 1.

[3] Servas, commune du canton de Bourg (Ain). L'église de cette paroisse faisait partie, en 984 (V. BULLIOUD, *Lugd. Sacropropha-num*), des dotations du chapitre métropolitain de Lyon. Vers 1105, Bérard de Châtillon, évêque de Mâcon, l'obtint pour les chanoines de Saint-Pierre. qui en conservèrent le patronage jusqu'à la Révolution.

FINIS

APPENDIX

APPENDIX

I

Extraits du Martyrologe de l'Eglise de Saint-Pierre de Mâcon.

III Kal. Februarii. — Obiit Johannes, istius congregationis canonicus atque sacerdos.

Kal. Februarii. — Obiit Siwaldus, hujus congregationis canonicus et levita.

II Non. Februarii. — Obiit Tetbertus, canonicus atque sacerdos.

Pridie Kal. Martii. — Obiit Rainaldus, regularis canonicus.

Non. Martii. — Eodem die Drogo, Matiscensis episcopus, vir misericordia ac bonis virtutibus plenis, ab hac erumpnosa et mortali vita feliciter migravit ad Dominum. Corpus ejus requiescit Aurelianis in ecclesia Sancti Evurcii.

III id. Martii. — Obiit Wicardus, presbiter et canonicus.

XV Kal. Aprilis. — Eodem die dedicatio hujus basilice in honorem beatorum Petri et Pauli omniumque apostolorum.

XIII Kal. Aprilis. — Obiit Eldebaldus, clericus et istius congregationis canonicus.

XI Kal. Aprilis. — Ipso die Durannus, canonicus atque sacerdos, ecclesie nostre filius et erector, Hierosolimis feliciter obiit in Christo.

VI Kal. Aprilis. — Obiit Jospertus, canonicus et levita.

II Non. Aprilis. — Obitus Waremberti presbiteri.

XVIII Kal. Maii. — Obiit Ugo, canonicus atque sacerdos.

III Non. Maii. — Obitus Achardi, qui primus de regularibus canonicis ab hoc seculo migravit.

V Id. Maii. — Eodem die Mayolus, Cluniacensis abbas, preciosa morte migravit ad Dominum.

IV Non. Junii. — Eodem die, apud Lugdunum, natalis sanctorum martirum Vincentii, Nine, Prisci, Sepace, Ylarii, Felicis, Ylarii et Castule. Item, in eodem loco, Epacati, Amelie et Donate. Et in ipsa ecclesia natalis Barbarini presbiteri, Humati, Evasi, Orati, Rogate, Emelie, Jannice et Amelie, quorum corpora requiescunt in basilica beatorum apostolorum seu XLVIII martirum. Ipso die dedicatio capelle S. Marie infra hoc claustrum.

III Kal. Julii. — Obiit Arbaldus, canonicus atque sacerdos. Obiit Rannulfus, abbas atque sacerdos.

V Non. Julii. — Eodem die Otgerius, levita atque canonicus, vir magne utilitatis, obiit.

II Non. Julii. — Quiscetus in transmarinas? partes occubuit, sepultusque est sub quercu Rogel, juxta transitum aquarum.

V Kal. Augusti. — Eodem die obiit Odila, mater Ugonis canonici de Arlaco.

XIII Kal. Septembris. — Ipso die, apud Hertim insula, deposicio beati Phyliberti abbatis.

XVIII Kal. Decembris. — Obiit Berardus, regularis canonicus et sacerdos, qui canonicum ordinem hoboediendo viriliter servavit.

VIII Kal. Decembris. — Ipso die, Guillelmus obiit, sacerdos et canonicus, pro meritis suis in ecclesiis nostris digne memorandus, qui dedit Sancto Petro librum excerptorum beati Gregorii pape de moralibus, libri Job, et librum collectanii.

II

Donation à Saint-Pierre de Mâcon, par Adrad,
de fonds situés dans le village de Thoiria.

Vers 937.

Ecclesiæ Dei sacrosanctæ in honore apostolorum Petri et Pauli, ego Ardradus dono de rebus
meis donatumque in perpetuum esse volo; curtile,
vineam, campum cum ædificiis omnibus, appenditiis et superposito in agro Fusciacensi, in villa
Toriaci. Terminatur a mane via publica et aqua
volvente, a meridie terra Monegundis, a sero terra
SS. Romani et Leutgarii, a circio via publica.
Data mense septembris, IV nonas, anno XI
regnante Rodolpho.

III

Donation, par Mérasie, de fonds situés dans le
territoire de Fuissé.

Vers 963-967.

Sacrosanctæ ecclesiæ S. Petri, quæ est in

suburbio Matisconis, quam Odo abbas ad regendum habere videtur, ego Merasia loco eleemosynæ vel sepulturæ dono pro remedio animæ meæ, in agro Fusciacensi, in villa Casiniaco, curtilum cum vinea et mansione simul tenente, vercheriam et pratum, ut faciant rectores predictæ ecclesiæ quicquid voluerint, nullo contradicente. Si quis autem contradixerit, tres uncias auri componat et donatio stabilis permaneat cum stipulatione subnixa (coram quatuor testibus obsignatis). Actum hoc regnante Lothario.

IV

Concession par Adon, évêque de Mâcon, à Odon, chanoine de Saint-Vincent, de l'abbaye de Saint-Pierre et de plusieurs autres églises.

Vers. 968.

In nomine Verbi incarnati notum habeatur omnibus filiis fidelibus Sanctæ Matisconensis ecclesiæ quia d. Ado, serenissimus antistes, per deprecationem canonicorum et fidelium suorum Joannis prepositi, Aymini ac reliquorum, contulit cuidam clerico Odoni, canonico S. Vincentii, quasdam ecclesias et res præmemorati martyris, scilicet abbatiam S. Petri, cujus ecclesia fundata est in suburbio civitatis Matiscensis et est hospitale, ac ibi convenit sepultura præfatæ urbis, cujus duæ partes sunt canonicorum, tertia vero ipsius loci; denique capellam in honore, Sancti Petri dicatam inque villa Carnaco sitam; aliam vero capellam in villa Buciaco, sub honore Sancti Petri; aliam item in honore Sancti Boniti, quæ est in Carbonariis, atque ecclesiam Sancti Petri, quæ Vetus dicitur (ipsa suburbana est), cum omnibus decimis et terris eo pertinentibus, necnon terram S. Juliani ex Rocca; ita tamen ut in festivitate Sancti Petri et abbati una refectio canonicis tribuatur, sicut ipse Ado præsul fecit, atque suis firmare præcepit. Actum Regnante Lothario. (Testibus quatuor.)

V

Concession à Saint-Pierre de Mâcon, par Ogier de Veyle, d'un droit sur la Saône, à l'orient de la ville de Mâcon.

Vers 1031.

Futuris omnibus et præsentibus cognitum sit quia ego Otgerius, nequissimus peccator et indignus miles de Vela, do ecclesiæ beati Petri sitæ extra muros Matisc. et est hospitalis, pro anima mea omniumque prædecessorum, consuetum usum inperpetuum super fluvium Araris ab orientali parte civitatis, sicut dom. Gauslenus, episcopus, dictæ ecclesiæ concesserat; ita tamen ut pontonarii habeant tres eminas vini, qualiter dom. episcopus præceperat, et serviant in omnibus necessariis ecclesiæ transeundi et remeandi.

VI

Donation par le chanoine Gaufroy, d'origine juive,
de tout ce qu'il possédait à Levigny.

Vers 1060.

Æterna Dei disponente sapientia, infans qui baptizaretur in Dominicæ Resurrectionis vigilia, quondam defuit in mart. Vincentii basilica, comes Gaufredus cum aliis qui aderant in pontem Hebræorum cucurrit, et me puerulum, sed jam circumcisum et hebraice Jacob vocatum, in media via reperit. Quem rapientes ad ecclesiam detulerunt ac sacro fonte tinxerunt, imponentes mihi nomen Gaufredum. Beatrix vero comitissa me de sacro fonte suscipiens enutrivit et aliquantum litteris doceri fecit. Nunc autem me progenitum tali stirpe cognoscens, regularibus · cupio locis arctius stringi, ut vel invitus possim salvari. Quocirca sacrosanctæ ecclesiæ apostolorum Petri et Pauli sub canonica regula me trado, quia ex eorum gente natum me recognosco. Omnem quoque hæreditatem quam habeo vel habere debeo eidem ecclesiæ concedo in villa Liviniaco, etc., cum appenditiis in perpetuum habendæ dictæ basilicæ, etc. Tempore Philippi regis.

VII

Donation par Girberge de tout ce qu'elle avait dans le village de Pouilly.

Vers 1060.

Ecclesiæ Dei sacrosanctæ SS. apostolorum Petri et Pauli, quæ fundata est extra muro Mastisc., cui præesse dicitur Gualterius, ego Girberga femina, cum assensu trium filiorum meorum, dono aliquid hæreditatis meæ, quantum visa sum habere in villa Poliaci, in agro Fussiacensi, eo pacto, ut post obitum meum sepeliant me et in vita mea, uno quoque anno, in vestitura accipiant ibi quatuor sextarios vini, et post obitum meum liberam facultatem habeant faciendi ex eis quicquid voluerint, sine ullo contradicente, etc.

Data per manum Guilelmi ad vicem Rannulfi,
xii Kal. novembris, regnante Philippo Francorum
rege.

VIII

Concession par le comte Renaud, aux chanoines
de Saint-Pierre de Mâcon, de toutes les terres
qu'ils pourraient acquérir dépendant de son
fief.

Vers 1080

In nomine Salvatoris, ego Rainaldus comes
peccator, vadens in Hispaniam cum exercitu ad
debellandum gentem paganorum, pro animabus
parentum meorum et ut Dominus prosperum iter
mihi faciat et Christianæ genti victoriam concedat,
petitione Joannis de Blaniaco et Otgerii, præpositi
mei, dono canonicis regularibus ecclesiæ B. Petri,
quæ extra muros Matisconi fundata est, Domino
famulantibus, quicquid terrarum quoquo modo
potuerint adquirere de pheodatis meis. Dono etiam
illis omnes terras illas, in quibus consetudines

habeo, undecunque acquirere valebunt, ut sine consueto censu possideant. Signum Rainaldi comitis, Joannis præceptoris, Stephani de Baisenens, Otgerii præpositi, Archimbaldi dapiferi, Gualterii Boniti.

IX

Concession par Guillaume, comte de Bourgogne, d'une benne dans la Saóne et d'un mas dans le village de Charnay.

Vers 1096.

Ego Vuilelmus, comes de Burgundia, pro rogatu Joannis, præceptoris, et petitione Gausmari, prioris, fratris ejus, concedo bennam ad pisces capiendos super Araris fluvium, et unum mansum in villa de Carnaio, quem Vualterius tenet, regularibus B. Petri ecclesiæ, quatenus per intercessiónem S. Apostoli animæ patris mei Rainaldi atque prædecessoris a pœnis inferni mereantur liberari, etc. Sign. Vuill., Joannis, cantoris, Ugonis de villa Valberti, Ugonis de Balma, Olgerii præpositi, Petri telonearii, Landrici dapiferi.

X

Donation par le vicomte Hugues, de la chapelle de Saint-André, qui dépendait de son vicomté.

Vers 1078.

Sacrosanctæ Dei ecclesiæ in suburbio Matisconensis oppidi ab occidentali parte fundatæ in honore apostolorum Petri et 'Pauli dicatæ, ego vicecomes Hugo dono capellam B. Andreæ apostoli cum vicaria sibi adjacente. Sunt autem eæ res de vicecomitatu quem teneo. Quas prædictas ecclesiæ et canonicis ibi degentibus presentibus ac futuris concedo, consentiente Vuidone comite, seniore meo, etc. Actum Matisconi publice, regnante Philippo.

XI

Concession, par Bernard de Montcet, de deux mas sis, l'un le village de Montcet, l'autre dans celui de Corferat.

Vers 1120.

Ego Bernardus de Moncello detentus infirmitate

testamentum facio : concedo ecclesiæ B. Petri
Matisconensis et regularibus fratribus de alodio
meo unum mansum ad Moncellum cum mansione,
et alium mansum in villa Corpherelt. Debentur
duo panes in Kalendis, totidem tempore messionis,
tres capones et taschia. Sign. Gausmari prioris,
Guigonis Rebutini, Pontii Auriculæ et Adalardi de
Blavens.

XII

*Confirmation, par Guy du Saix, de la donation
que Guy Férols avait fait à Saint-Pierre du
village de Longchamp.*

Vers 1115.

Guido del Sais, laudantibus fratribus suis cum
matre, concessit et laudavit donum de Longo
Campo, quod Guido Ferols et filius ejus, eo
annuente, dederunt pro redemptione animarum
suarum ecclesiæ B. Petri Matisconensis et regularibus ibidem servientibus. Etiam de dono Leotaldi,
unde grandis altercatio erat, reddidit duas partes,

retinendo tertiam, et feudum Berlionis de Cala-
mont ac franchisiam de Alariaco, tali pacto ut ad
ecclesiam post ejus obitum revertatur, etc. Testes
Joannes precentor et Dalmatius canonicus.

XIII

*Donation par Rénier de mas sis dans les villages
de Longchamp et de Mons.*

Vers 1100.

In nomine sanctæ, gloriosissimæ et individuæ
Trinitatis, ego Rainerius, secularem relinquens
militiam et devote sacræ assumens religionis
habitum sub norma sanctiss. Augustini, concedo
ecclesiæ B. Petri, quæ sita est extra muros Matisconis, et fratribus in eadem Deo servientibus duos
mansos, unum situm in villa Bosci, et alterum in
villa de Longo-Campo. Dono iterum unam colo-
niam in villa Mons, etc. Sign. Guigonis avunculi
ejus, Ferrogl, Achardi consobrini ejus, Manasses,
Leotaldi.

XIV

Concession par Géboin, archevêque de Lyon, aux chanoines de Saint-Pierre de Mâcon, de l'église de Servas.

Vers 1080.

Notum sit omnibus tam posteris quam instantibus, quoniam cum venissemus ego Gebuinus, Lugdunensis ecclesiæ pastor, et clerici nostri ad dedicandam ecclesiam Sancti Romani de Villa, adiit serenitatem culminis nostri nobilis mulier Fecena, quæ quasi per alodium prædictam ecclesiam tenuerat, linquens ipsam in manu nostra humiliterque et misericorditer, deposcens ut hanc ecclesiam et ecclesiam de Sylva cum decimis, quas huc usque habuerat, pro Dei amore abbatiæ Sancti Petri extra muros Matisconis sitæ et ecclesiæ de Longo Campo, ubi sub Christi jugo vivere disposuerat, concederemus. Cujus petitionem benigne suscipientes, ad laudem clericorum et aliorum amicorum nostrorum, sicut ipsa

petebat annuimus. Et, ut donatio in perpetuum
duret, authoritate nostra firmamus. Sign. domni
Gibuini archiepiscopi, Bladini decani, Alberti
archidiaconi, Duranni archipresbyteri, Richardi
regularis, Petri sacerdotis, qui utrasque ecclesias
regit, Bernardi ejusdem archipresbyteri.

XV

*Nouvelle concession par Hugues, archevêque de
Lyon, et son chapitre, aux chanoines de Saint-
Pierre de Mâcon, de l'église de Servas.*

Vers 1105.

Ecclesia de Sylva alodium est B. protomartyris
Stephani Lugdunensis, quæ aliquanto tempore
inter canonicos Lugdunenses majoris ecclesiæ et
canonicos beati Petri Matisconensis sub prolitigio
mansit. Unde domnus Berardus, Matisconensis
ecclesiæ venerabilis episcopus, et canonici ejus,
Paschali papa Romæ præsidente, tempore domni
Hugonis, reverendissimi archiepiscopi Lugdunensis, Lugdunum venerunt, ibique in capitulo,

cognita utriusque partis causa, quæ diu ventilata fuerat, tandem non judicium sed misericordiam a Lugdunensibus imploraverunt. Quoniam igitur misericordia Domini plena est terra, et alter alterius necessitates portare debent, prædict. eccles. Lugdun. pater pietate motus, præscriptis fratribus quod suppliciter precabantur, interventu prænominati B., Matisconensis episcopi, et communi consensu Lugdunensium fratrum, in ipso Lugdunensi capitulo, ita donavit dicens : ecclesiam de Sylva, quam B. protomartyris Stephani prædium esse recognoscitis, cum appenditiis suis, videlicet cum decimis suis, cum beneficio quod sepultura dicitur, cum prædio quoque pertinenti ad altare ipsius ecclesiæ, cum oblationibus præter etiam cum terra illa, quam Archardus Brixiensis in extremo vitæ suæ confitens et testificatus juris esse B. protamartyris Stephani Lugdunensis mihi reliquit, et cum alia etiam terra supradict. contigua ejusdem juris, quam postea adquisivi ab Hugone de Boeria, B. Petro Matisconensi et fratribus ei ibidem impræsentiarum servientibus eorumque successoribus dono eam in solidum jureque perpetuo.

XVI

Donation par Adelmode et ses fils, du tiers de la chapelle de Notre-Dame de Feillens.

Vers 1100.

Leodegarius nobilis prosapiæ clericus ac majoris Lugdunensis ecclesiæ appellatus canonicus, omnia mundi dereliquit et in basilica apostolorum Petri et Pauli apud Matisconem se domino serviendum regulari canonica obtulit. Cujus mater Adelmodis cum ipso aliisque filiis dedit prædictæ basilicæ tertiam partem capellæ B. Mariæ, in pago Lugdunensi, in villa Felingis, cum terris, decimis, appenditiis.

XVII

Donation par Lesprand, d'une part de la chapelle Notre-Dame de Mantenay et du presbytère de l'église de Saint-Julien-sur-Reyssouze.

Vers 1080.

Ego Lesprandus offero sacro sanctæ Matisconensi ecclesiæ filium meum Stephanum ad Domino serviendum sub canonicæ religionis habitum; et dono eidem ecclesiæ portionem meam capellæ B. Mariæ, in pago Lugdunensi, villa Mentoniaco, cum terris, decimis suisque appenditiis. Et concedo eidem loco, favente domno Gebuino, archiepiscopo, presbyteratum ecclesiæ S. Juliani, vercheriam et magnam partem sylvæ ac quartam partem villæ quæ vocatur Villaricius.

XVIII

Donation par Henri et Humbert, frères, du quart de la chapelle Notre-Dame de Mantenay et du village de Mons.

Vers 1080.

Ego Heinricus et frater meus Humbertus, militiam secularem deserentes et sacræ religionis habitum devote sumentes, unus sub norma sanctissimi Augustini, alter beati Benedicti, donamus S. ecclesiæ beatorum apostolorum Petri et Pauli prope mœnia urbis Matisconensis quartam partem

capellæ B. Mariæ, in pago Lugdunensi, villa
Mentoniaco, cum terris, decimis suisque appenditiis, ac totum quod in ipsa villa jure hereditario
tenemus, et quartam partem de villa Montis.

XIX

*Confirmation par Hugues de Jayat, aux chanoines
de Saint-Pierre, de l'église de Jayat, donnée
précédemment par l'archevêque Géboin.*

Vers 1080.

Universis sanctæ ecclesiæ filiis in diversis
mondis partibus diffusis notificare volumus qualiter Hugo de Jaiaco in Hispan. proficiscicns, ad
ecclesiam beati Petri apostolorum principis juxta
muros Matisconenses humiliter adiit, et domum
quod dominus Gebuinus, Lugdunensis archiepiscopus etc, hactenus fecerat ac ipsemet laudaverat
de ecclesia beatæ Mariæ de Jaiaco et clericis ad
eandem ecclesiam pertinentibus, nominatim ex-
primens terram quæ vocatur S. Mariæ et S. Petri.

iterum laudando donavit et donando concessit in capitulo ecclesiæ B. Petri et clericis in ea Deo servientibus, accipiens ab iis unum equum cum freno et sella, eo pacto ut regulares in jam dictam ecclesiam, ubi Bernardus pater suus sepultus fuerat, pro illius anima et animabus prædecessorum suorum assidue coram Domino preces funderent ac sacrificium persolverent, etc.

·XX

Donation par Humbert Garnier de l'alleu qu'il avait dans la paroisse de Jayat.

Vers 1080.

Ego peccator et indignus miles Bernardus Garnerius, audiens Dominum in Evangelio dicentem : Nisi quis renunciaverit omnibus quæ possidet, non potest meus esse discipulus; sacrosanctæ ecclesiæ circa Matisconem urbem, in honorem beatorum apostolorum Petri et Pauli dicatæ, omnia mundana relinquens, memetipsum

et omnia quæ habeo in dictam ecclesiam tribuo.
Dono etiam totum alodium meum in parochia
S. Mariæ de Jaiaco, cum campis, sylvis, pratis, in
quibuscunque habeantur locis, ut Dominus per
intercessionem dictorum apostolorum animam
meam et antecessorum a pœnis inferni eripiat et
ad gaudia æterna perducat.

XXI

Confirmation à Saint-Pierre de Mâcon, par
Rolland Brissin, de l'église de Meillonnas, pré-
cédemment donnée par l'archevêque Géboin.

Vers 1110.

Ego peccator et indignus qualiscunque miles
Rotlannus Brissineus volens Hierosolymam profi-
cisci, tam pro peccatis meis, quam pro indulgentia
et peccatorum venia prædecessorum meorum et
pro corpore ac animarum filiorum filiarumque
vivorum et defunctorum, dono ecclesiæ beati
Petri juxta Matisconem atque regularibus in ea

Domino et sanctis ejus servientibus, in episcopatu Lugdunensi, in villa Miloniaco, corde firmo et voluntate bona, ecclesiam beati Euendi dictæ villæ, quam domnus Gebuinus, Lugdunensis archipræsul, dictis regularibus et terris ejusdem ecclesiæ fecit, stagnum, vineam, ligna magna et minima ad domos faciendas, cœtera necessaria, herbam viridem et siccam. Factum anno ab incarnatione Domini M C X, indictione III, concurrente V, epacta, imperante Ludovico Francorum rege.

XXII

Donation aux chanoines de Saint-Pierre de Mâcon, par Udulric, des dîmes qui lui appartenaient dans les paroisses de Marsonnas, de Saint-Didier-d'Aussiat, etc.

Vers 1110.

Ego Udulricus desirans ire Hierusalem, redendo concedo ecclesiæ B. Petri regularibus extra muros Matiscon. omnes decimas quas modo possideo et quas illi jamdiu in vadimonium habent sitas in parochiis B. Petri de Marsonaco et S. Desiderii de Alciaco, in villis de Casellis et de Hermondangis et de Montet, quatenus orationibus ejusdem ecclesiæ pius Dominus gressus meos dirigat et ad viam perpetuæ salutis perducat. Accipio autem a supradictis quinquaginta solidos Lugdunensis monetæ. Testes dommus Joannes præcentor, S. Vincentii, Ugo canonicus, dicti datoris frater, Stephanus de Pino et Constantius Ruphus de Marsonaco.

XXIII

Association religieuse entre Gausmar, prieur de Saint-Pierre de Mâcon, et Aymon, abbé de Balerne.

Vers. 1125.

Presentes et futuri cognoscant dommum Gausmarum, priorem canonicorum regularium Sancti Petri Matisconensis, concessisse Aymoni, abbati Balernensi, hujusmodi societatem ut, quamdiu superstes fuerit, memoriam ejus fratres canonici in orationibus suis habeant, et cum obierit tantum-

dem pro eo faciant quantum et propefato priore
suo ; et hanc eandem societatem concessit abbas
Aymo ecclesie Sancti Petri et eidem priori.

No 24.

*Lettre de l'archevêque de Besançon invitant le
prieur de Saint-Pierre de Mâcon à se rendre, à
un jour dit, à Saint-Germain, pour régler d'une
manière définitive les contestations qui s'étaient
élevées entre ledit prieur et les religieuses de
Château-Chalon.*

Vers 1130.

A., Dei gratia Bisuntinus archiepiscopus, priori
regularium Matisconensium salutem et dilectio-
nem. Notificamus dilectioni vestre controversiam
inter vos et sanctimoniales Castelli Caroli tanto
tempore habitam a nobis terminatam esse. Siqui-
dem sicut Ugo, canonicus vester, apud Balmam,
in presencia Alberici, abbatis, et Stephani, canonici
nostri, concordiam fieri concessit et postulavit
nostris et domini, Manasse, archidiaconi, precibus
faciendam ab abbatissa et monialibus impetra-

vimus. Mandamus igitur vobis quatenus proxina quarta feria, ad Sanctum Germanum, vel vos vel canonicus vester, veniatis, et ibi ante predictum archidiacomum. presentibus anicis, pacem alterutrum faciatis. Si vero archidiaconus, quod non credimus, abfuerit, abbatem Balmensem, quem ad componendam pacem illuc ire pro nobis rogavimus nostri loco harchidiaconi, illi obedientes, pacem sicut predictum est faciatis. Valete.

No XXV

Cession à son monastère par Étienne, chanoine de Saint-Pierre de Mâcon, des droits qu'il avait sur un mas sis « in villa Liviniaco. »

Vers 1140.

Noticie presencium et futurorum presentibus scriptis commendare placuit quod Girardus de Curti medietatem mansi de Curti in villa Liviniaco siti. quam medietatem habebat de Sancto Petro

Matisconensi, pejorari et desertari permiserat, et insuper V. vadimonio miserat. Quod videns domnus Stephanus, Sancti Petri camerarius, ad cujus curam et officium terra illa pertinebat, comparavit a predicto Girardo in quinquagenta et sex solidis Matisconensis monete. Prefatus igitur Girardus vendidit et concessit, et jus quod habebat in medietatem predicti mansi donavit Sancto Petro imperpetuum integre in vineis, torculari et planis terris, laudante uxore sua et liberis suis, laudante etiam Bernardo panetario et uxore ipsius, que fuerat uxor fratris sepedicti G. et habebat medietatem alteram supradicti mansi. Hujus autem rei sunt testes : Hugo, prior claustralis, Bermondus sacrista, Wicardus de Balgiaco, Gauterius de Monte Ruino, Cristophorus, Poncius capellanus, Stephanus de Flectiaco presbiter, Gausmarius prepositus, Petrus de Modolio, Johannes Longus, Bernardus panetarius, Stephanus Cornaviu, Durannus, Waldinus.

XXVI

Notes concernant le monastère de Saint-Pierre de Mâcon et accompagnant le Nécrologe.

XIIe siècle.

Monachi Divionenses habent hanc societatem nobiscum, ut statim post brevis recitationem, vel nostri apud ipsos vel illorum apud nos, fiat officium, pulsatis signis, et in crastino missa.

Singuli sacerdotum unam missam, ceteri psalmos VII vel septies *Pater noster*, qui psalmos ignoravit. Prebenda etiam datur ipsa tantum die.

Quando prior benedicendus fuerit debet dicere hunc versum tribus vicibus stans ante altare :

Deus in adjutorium meum intende.

Et totus conventus similiter respondet.

Deinde servitur benedictio caput ante eidem, et De Syon nichil proficiat, et Filius, Domine, etc.

Vestram, clementissime pater, omnipotentiam supplices deprecamur ut infundere digneris super hunc famulum tuum, quem tuo servorumque tuorum servicio mancipamus; spiritum sapiencie et intellectus discretionisque dona ei hac domo

tua ita agere et injunctum sibi officium ita admi-
nistrare, ut et tibi placere valeat et utilitatem
servorum tuorum perfectissime expleat, propter
hoc et hic et in futuro seculo mercedem laborum
in consorcio sanctorum tuorum percipiat, per
Dominum.

XXVII

Extraits du Nécrologe de l'église collégiale de Beaujeu.

V Kal. Maii. — Eodem die obiit Poncius, Matisconensis episcopus, qui dedit nobis viginti solidos
debitales pro uno parvo anniversario (f° 17).

VIII Idus Maii. — Eodem die obiit dominus
Guichardus, dominus Bellijoci, qui dedit nobis
unum grossum anniversarium. Nemus de Ronzeriis (f° 18).

VII Idus Maii. — Eodem die fit anniversarium
Humberti, domini Bellijoci, qui dedit nobis
triginta solidos. Nemus de Ronzeriis.

VI Idus Maii. — Eodem die fit anniversarium
grossum domine Marguerite de Bellijoco, domine

de Monte Sancti Johannis, que dedit nobis unum grossum anniversarium de triginta solidis. Nemus de Ronzeriis.

IIII. Idus Junii. — Eodem die obiit Guichardus Bellijocensis, qui dedit nobis viginti solidos debitales pro uno parvo anniversario (f° 21).

III Kal. Augusti. — Eodem die obiit Juliana, quondam nutrix domine Elienoris de Sabaudia, domino Bellijoci, que dedit nobis unum parvum anniversarium de viginti solidis debitalibus (f° 29).

XI. Kal. Septembris. — Eodem die obiit domina Ysabella de Bellijoco, comitissa Forensis, que dedit nobis unum grossum anniversarium de triginta solidis debitalibus (f° 31).

X Kal. Septembris. — Eodem die obiit dominus Ludovicus, dominus Bellijoci, qui dedit nobis viginti solidos debitales pro uno parvo anniversario.

IX Kal. Septembris. — Eodem die obiit domina Elienor de Sabaudia, domina Bellijoci, que dedit nobis triginta solidos debitales pro uno grosso anniversario (f° 32).

VI Kal. Septembris. — Eodem die obiit dominus Ludovicus de Bellijoco, canonicus noster, qui dedit nobis unum grossum anniversarium de centum solidis.

XVII Kal. Octobris. — Ipso die fit anniversarium domine Johanne de Gleteins, domine de Marchampt, que dedit nobis XXX s. debitales pro uno grosso anniversario (f° 34).

IX Kal. Octobris. — Eodem die obiit Guichardus, dominus Bellijoci, qui dedit nobis viginti solidos debitales pro uno parvo anniversario (f° 35).

V Kal. Octobris. — Eodem die obiit Guichardus, nobilissimus vir, dominus Bellijoci, et commemoratio domine Sibile, ejus uxoris, qui dederunt nobis untimo parvum anniversarium de viginti solidis debitalibus.

Non. Octobris. — Ipso die obiit dominus Guichardus, dominus Bellijoci, qui dedit nobis quadraginta solidos debitales pro uno grosso anniversario (f° 41).

VI Kal. Novembris. — Ipso die obiit dominus Guillelmus de Bellijoco, episcopus Bajocensis, qui dedit nobis triginta solidos debitales pro uno parvo anniversario (f° 43).

In Nonas Novembris. — Eodem die obiit Eddoardus, dominus Bellijoci, qui dedit nobis centum solidos debitales pro uno grosso anniversario (f° 44).

TABLE

DES NOMS DE PERSONNES ET DE LIEUX

A

B

TABLE 103

D

E

TABLE 105

F

G

7

H

TABLE 107

I

J

L

TABLE 109

O

Odila, femina, p. 18; mater Bernardi, p. 54; mater Hugonis, p. 38, 70.
Odo, abbas S. Petri, p. 72; canonicus, p. 9, 16, 17, 26; clericus can. S. Vincentii, p. 73; miles, p. 41, 58; precentor beati Vincentii, p. 21.
Oggerius, levita, p. 33; reg. can., p. 11, 14, 23; miles, p. 32; pater Stephani, p. 22; de Vela, miles, p. 29.
Oggerus Oliva, reg. can., p. 7.
Oggivus, laicus, p. 25.

Oliva (Oggerus), reg. can., p. 7.
Oliverius, can. S. Petri, p. 15.
Ongeard et Onjard, p. 18.
Orléans, p. 15.
Otgerius, can. S. Vincentii, p. 13, 35; levita, p. 41, 69; miles, p. 5, 59; miles, pater Otgerii, p. 4; miles de Vela, p. 74; prepositus, p. 77, 78; reg. can., p. 22; S. Martini, conversus et reg. can., p. 41.

P

Paschalis, papa, p. 83.
Peronnas, p. 2.
Petronella, mater Stephani, p. 40.
Petrus, can. S. Petri, p. 15, 21, 24, 41, 48; miles, frater Ugonis, p. 12; miles de Ariaco, p. 11; sacerdos, p. 83; telonearius, p. 78; de Modolio, p. 94; de Vienna, sacerdos et can. S. Vincentii, p. 13.
Philippus, rex Francorum, p. 20, 76, 77, 79.
Phylibertus, abbas, p. 70.
Pin, ham. de Laiz, p. 10; (Etienne de), p. 10.

Pino (Bernardus de), p. 9; (Stephanus de), p. 91.
Pisiaco (Alminus de), p. 59.
Poliaci, villa, p. 76.
Poncia, p. 12.
Poncius, capellanus, p. 94; donator, p. 17; Matiscensis episcopus, p. 96; miles, p. 57; miles et regul. can., p. 49; sacerdos et reg. can., p. 35, 38, 42, 49.
Pontius, confrater, S. Petri, p. 11; miles de Mentonaco, p. 28; sacerdos, beati Vincentii, can., p. 52; Auricula, p. 80.

Q

Quiscetus, p. 70.

R

Raculfus, reg. can., p. 44.
Radulfus, p. 44.
Rainaldus, comes, p. 77, 78; miles et reg. can. p. 14; pater Vuilelmi comitis, p. 78; reg. can., p. 67.

Rainerius, p. 81; conversus et reg. can., p. 32.
Rannulfus, p. 77; abbas, p. 33, 69; S. Vincentii, can., p. 30.
Raserius (Ugo), p. 64.

S

TABLE 111

T

U

TABLE 112

V

W

Y

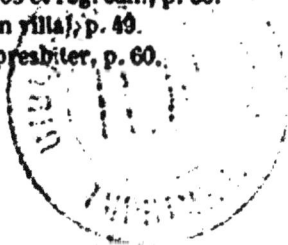

www.ingramcontent.com/pod-product-compliance
Lightning Source LLC
Chambersburg PA
CBHW051744090426
42738CB00010B/2405